Garrett W. Sheldon

# Was würde Jesus tun?

## Die außergewöhnliche Geschichte einer Gemeinde, die nach Gottes Willen fragt



ONCKEN VERLAG WUPPERTAL UND KASSEL

Die amerikanische Originalausgabe erschien
unter dem Titel: »What Would Jesus Do?«


Deutsch von Jörg Achim Zoll

2. Auflage 1999

Umschlag: Dietmar Reichert, Dormagen
Gesamtherstellung: Breklumer Druckerei Manfred Siegel KG
ISBN: 3-7893-7556-X
Bestell-Nr. 627 556

# 1

Michael Maxwell atmete einmal tief durch, warf einen kurzen Blick auf den Computerbildschirm und las sich den eingängigen Satz, den er gerade geschrieben hatte, noch einmal laut vor: »Denken Sie daran, dass es an der Straße zum Erfolg viele verlockende Parkbuchten gibt!« Selbst in seinen eigenen Ohren klang sein voller Bariton überzeugend, warm und menschlich und hatte genau den richtigen humorvollen Unterton.

Dann klingelte das Telefon – schon wieder. Obwohl es noch keine zehn Uhr war an diesem bedeckten Freitagmorgen, waren die Versuche des viel beschäftigten Pastors, mit dem Predigtentwurf für diese Woche fertig zu werden, immer wieder gestört worden.

Das muss am Wetter liegen, dachte er wütend und wünschte sich, er wäre auf die Idee gekommen, den Anrufbeantworter einzuschalten. Wenn das so weitergeht, werde ich nie fertig. Als er sich am Telefon meldete, gelang es ihm aber, sich seine Verärgerung nicht anmerken zu lassen. »Michael Maxwell«, sagte er. »Was kann ich für Sie tun?«

»Gut, dass Sie da sind, Pastor Maxwell!« Die atemlose Stimme am anderen Ende der Leitung gehörte Lauren Woods, der attraktiven Leiterin des Single-Treffs, den es seit einiger Zeit in der Gemeinde gab. Sie hatte vor kurzem ihre Hilfe beim Verschicken von Genesungswünschen, Geburtstagskarten oder anderen Dingen angeboten – ein Ansinnen, von dem Michael vermutete, dass dahinter mehr das Verlangen stand, Zeit mit ihm zu verbringen, als der Wunsch, die Gemeinde wachsen zu sehen.

In seiner ausgesprochen profilierten Stellung als Pfarrer der angesehenen Baptistengemeinde von Ashton hatte der gut aussehende 35-Jährige gelernt, mit solchen Anwandlungen deplatzierter Frömmigkeit souverän umzugehen.

»Ja, Miss Woods?«, sagte er knapp.

»Ich habe heute Morgen an den Werbesendungen für unser nächstes Kirchenkonzert gearbeitet«, begann sie, »und ich fragte mich, ob ...« Michael hörte nur halb zu, spielte mit dem verzierten Brieföffner, den er letztes Jahr in Spanien gekauft hatte, kniff dann die Augen zusammen und starrte geistesabwesend an die Decke. Dieses Jahr wollten er und Sharon in Italien Urlaub machen.

Wir müssen beide mal abschalten, dachte er. Zwischen den Terminen in der Gemeinde und der Geldbeschaffung für den Bauausschuss bleibt kaum noch Zeit für irgendetwas anderes.

Plötzlich merkte er, dass Lauren ihm eine Frage gestellt hatte – es ging um das Bestellen neuer Adressaufkleber oder etwas Ähnliches. »Äh, klar, das wäre gut«, antwortete er hastig. »Machen Sie so weiter wie bisher.« Erleichtert legte er den Hörer auf und schaltete dann den Anrufbeantworter ein, noch bevor der Nächste anrufen konnte.

»Das«, murmelte er, »ist so ziemlich das Letzte, wovon ich mich heute Morgen stören lassen möchte.«

Inzwischen war seine Frau Sharon leise ins Arbeitszimmer gekommen. Mit ihren welligen dunklen Haaren und dem schicken Hosenanzug sah sie umwerfend aus. »Ich gehe jetzt, dann hast du das Haus ein paar Stunden für dich allein. Ich muss mir drüben in der Kirche den Stundenplan des Kindergartens für den Herbst ansehen.« Sie lächelte, beugte sich zu ihrem Mann herunter und gab ihm einen Kuss auf die Wange. »Brauchst du irgendwas für die Zeit, in der ich weg bin?«

»Nicht dass ich wüsste«, erwiderte Michael müde und strich sich mit der Hand durch die blonden Haare. »Ich werde bloß hier sitzen und versuchen, meine Predigtnotizen für Sonntag fertig zu bekommen. Wenn irgendjemand in der Gemeinde vor dem Mittagessen eine Krise bekommt, muss er eben die automatische Gebetansage anrufen.« Sie lachten beide.

Wenige Minuten später, in der beruhigenden Stille des leeren Hauses, konzentrierte sich Michael wieder auf die Predigt für nächsten Sonntag. Es war die vorletzte in seiner aktuellen Reihe,

»Gottes Schritte zum Erfolg«. Sein Text für diese Woche war 1. Petrus 2,21: »Und eben dazu hat er euch berufen. Ihr wisst doch: Christus hat für euch gelitten und euch ein Beispiel gegeben, damit ihr seinen Spuren folgt.«

Seine übliche Methode war, der Predigt eine Gliederung zu geben, der man leicht folgen konnte, möglichst mit eingängigen Zwischenüberschriften. Heute hatte er sich »Entdeckung, Entwicklung und Entschlossenheit« vorgenommen und Illustrationen aus dem Leben Jesu gezeichnet, um die ersten beiden Punkte zu unterstreichen. Jetzt widmete er sich mit neuem Elan dem letzten Punkt: »Entschlossenheit, in Jesu Spuren zu folgen.« Er hatte gerade »Drei Hindernisse – Stolz, Schmerz, Vorurteil« eingetippt, als die Türklingel schrillte.

Abgelenkt rutschte der Pastor auf seinem Stuhl hin und her, machte aber keine Anstalten, die Tür zu öffnen. Als es jedoch zum zweiten Mal klingelte, schnaubte er leise vor Ärger und stand auf. Wer auch immer es war, er ging anscheinend nicht einfach wieder weg.

Zu seiner Überraschung stand eine junge, erschöpft aussehende Frau vor seiner Haustür. Sie schien etwa Mitte zwanzig zu sein und war offensichtlich schwanger. An der Hand hielt sie ein gepflegtes, aber schäbig gekleidetes kleines Kind.

»Sind Sie der Pastor der Baptistengemeinde?«, fragte sie nervös. »Man hat mir gesagt, dass er hier wohnt.«

»Ja, mein Name ist Maxwell«, sagte Michael langsam. »Kann ich Ihnen irgendwie helfen?«

Die Frau starrte zu ihm hinauf, registrierte die markanten Züge seines gebräunten Gesichtes, sein teures Hemd, seine hervorstechenden grünen Augen. »Ich bin mir nicht sicher«, antwortete sie vorsichtig. »Ich brauche jemanden, der auf mein kleines Mädchen aufpasst.«

Verwirrt schüttelte der Geistliche den Kopf. »Tut mir Leid, aber ich kenne keinen Babysitter. Meine Frau und ich haben keine Kinder. Unsere Gemeinde hat einen Kindergarten für berufstätige

Mütter, gleich hier am Ende der Straße; da können Sie es gern versuchen.« Er machte Anstalten, die Tür zu schließen.

»Bitte«, sagte die Frau mit zunehmender Verzweiflung in der Stimme. »Sie verstehen mich nicht. Ich habe kein Geld für den Kindergarten, und bei der Kirche war ich schon. Die haben mich hierher geschickt.«

Sie sah ihm seine Zweifel an und redete schnell weiter, »Es wäre nur für ein paar Wochen, bis ich meinen ersten Lohn kriege. Ich habe in der Stadt eine Stelle als Kellnerin bekommen, aber ich kann Hallie nicht mitnehmen. Ich habe sonst niemand, der auf sie aufpassen kann.«

Michael Maxwell zögerte, seltsam berührt von der misslichen Lage der jungen Frau. Aber was konnte er dagegen machen? »Es tut mir wirklich Leid«, sagte er mitfühlend. »Ich wünschte, ich könnte Ihnen helfen, aber ich kenne niemanden, der etwas für Sie tun könnte. Wollen Sie mir Ihre Telefonnummer geben, für den Fall, dass mir doch noch jemand einfällt?«

Sie zögerte, schüttelte dann aber den Kopf. Mit ihrem kleinen Mädchen wandte sie sich um und machte sich wieder auf den Weg zum Bürgersteig. Michael schloss die Tür vorsichtig und ging zurück in sein Arbeitszimmer. Das Gesicht der jungen Mutter stand ihm noch einen Moment lang vor Augen, aber als er sich wieder an die Arbeit begeben hatte, vertrieb die Konzentration auf die Predigt rasch alle übrigen Gedanken.

Als Sharon zwei Stunden später nach Hause kam, saß ihr Mann in Boxershorts auf der Bettkante und zog sich gerade seine Turnschuhe an. »Halli hallo«, begrüßte sie ihn. »Deine Predigt scheint ja wohl fertig zu sein. Wie ist sie geworden?«

»Ziemlich gut«, antwortete er. »Ich hoffe nur, dass wir am Sonntag besseres Wetter haben als in den letzten Wochen. Es predigt sich einfach besser, wenn man viele Zuhörer hat.«

Er holte seine Sporttasche vom Kleiderschrank und warf sie auf das Bett. »Ich gehe ins Fitnessstudio und trainiere ein bisschen.« Er bewegte vorsichtig seine Schultern. »Diese Predigt war härtere Arbeit, als ich gedacht hatte. Ich bin völlig verspannt!«

Später, beim Abendessen, sprach Sharon über die neuen Pläne des Kindergartens für den Herbst. »Sie wollen verschiedene Schlaginstrumente für die musikalische Früherziehung anschaffen«, sagte sie. »Die Kleinen werden begeistert sein!«

Plötzlich machte sie eine Pause. »Oh, das erinnert mich an etwas, das ich dir eben schon sagen wollte. Während ich bei der Kirche war, kam eine Frau mit einem kleinen Mädchen vorbei und war auf der Suche nach einem Betreuungsplatz. Sie war schwanger und schien – wie soll ich sagen – irgendwie durcheinander. Offensichtlich hatte sie kein Geld, deshalb konnten wir ihr nicht helfen. Sie tat mir wirklich sehr Leid.«

Michael blickte vom Tisch auf. »Das war bestimmt dieselbe, die heute Morgen hier vorbeigekommen ist. Ich vermute, sie hat keinen Mann, aber ich frage mich, wo ihre Eltern sind. Die könnten ihr doch sicher helfen.«

»Sollte man meinen«, sagte Sharon nachdenklich.

*

Der Sonntagmorgen war ein strahlender, klarer Tag in Ashton. Aus dem Süden war eine sanfte, warme Brise aufgekommen, hatte die letzten dunklen Wolken vertrieben und ließ den Frühling schon erahnen. Als es auf elf Uhr zuging, war der riesige Parkplatz der Baptistengemeinde von Ashton voller Autos.

Im Inneren der Kirche begrüßte Daniel Marshall, der groß gewachsene, langsam ergrauende Rektor des nahe gelegenen Colleges, Dr. Patricia West, eine ebenfalls stattliche Erscheinung in den Dreißigern, die Unfallchirurgin war und als Expertin auf dem Gebiet neuester Notoperationstechniken galt. Jenny Paige, eine modisch gekleidete Immobilienunternehmerin Ende fünfzig, rauschte in den Kirchenraum, zusammen mit ihrem 24-jährigen Sohn Roger, der nicht nur ihre stechenden blauen Augen, sondern auch ihren ausgeprägten Geschäftssinn geerbt hatte. Ted Newton, der drahtige Geschäftsführer des Fernsehsenders WFBB, blieb kurz stehen, um Alex Powell die Hand zu geben, einem athletischen Typ mit militärischer Körperhaltung, der den Flugbetrieb des Regionalflughafens Vickers Field leitete. Das Mitgliederverzeichnis der Gemeinde las sich wie ein »Who is Who« der gebildetsten und wohlhabendsten Leute der Stadt. Vorne begann die Musikgruppe gerade mit dem Einleitungsstück für den Gottesdienst, mit Schlagzeug, Klavier, Saxophon, Synthesizer und zwei E-Gitarren. Das galt allgemein als Signal, die Plätze einzunehmen.

Die Musikgruppe konnte es mit vielen professionellen christlichen Bands aufnehmen und wurde in den Hochglanzbroschüren, die jeden Monat an die Gemeindemitglieder verschickt wurden, heftig beworben. Die Gemeinde veranstaltete regelmäßig Konzerte und hatte eine riesige Reklametafel gekauft, die man an der Schnellstraße aufgestellt hatte. Darauf war ein großes Bild von Michael zu sehen, und es wurde kühn verkündet: »Pastor Michael Maxwell präsentiert: Jesus!« Dann folgte das Konzertprogramm des Monats.

Michael war sich bewusst, dass viele sich wegen des zeitgeistgemäßen Images zu seiner Gemeinde hingezogen fühlten, während andere von der neumodischen Richtung und der aufdringlichen Werbung abgestoßen waren. Er ließ sich aber durch Kritik nicht irritieren.

»Wir müssen die Leute hierher bekommen, wenn wir wollen, dass sie das Evangelium hören«, war die Ansicht, auf der er beharrte. »Wir konkurrieren mit dem Sport und der Unterhaltungsindustrie und allen ihren Mätzchen. Wenn man Reklametafeln oder Fernsehwerbung braucht, weil man die Leute nicht anders auf sich aufmerksam machen kann, dann ist das auch in Ordnung.« Um die hohe Qualität der Musik zu sichern, hatte die Gemeinde vor kurzem in ein Lautsprechersystem investiert, von dem manche Konzerthallen nur träumen konnten.

Um Punkt elf Uhr begann der eigentliche Gottesdienst mit

Gebeten und Liedern der Band, wobei die Gemeinde beim Refrain meist mit einbezogen wurde. Dann traten die beiden Solisten, Rachel Wingate und Jason Clark, nach vorn für den besonderen Programmteil dieses Vormittags.

In der Kirche herrschte sofort Stille. Die 22-jährige Rachel hätte mit ihren lockigen, kastanienbraunen Haaren und ihren ausdrucksstarken graugrünen Augen in jeder Hochglanzzeitschrift Eindruck machen können. Jason, der zwei Jahre älter war, war ihr perfektes Gegenstück: groß, kräftig und mit modisch langen blonden Haaren. Zusammen hatten sie eine beinahe elektrisierende Bühnenpräsenz, die die Gemeinde in erwartungsvolle Hochspannung versetzte.

Als die ersten Akkorde der Musik erklangen, sagte Rachel in ihr schnurloses Mikrofon: »Pastor Maxwell wird heute Morgen über die Nachfolge Jesu predigen. Jason und ich möchten jetzt zu diesem Thema für Sie ein Lied singen. Es ist eine Neufassung des alten Kirchenliedes ›Wohin er mich führt, will ich folgen.‹«

Sie beendete den letzten Satz genau an der richtigen Stelle in der musikalischen Einleitung. Nach einer winzigen Pause nickte sie Jason zu, und mit einem strahlenden Lächeln begannen beide mit dem Lied:

*Ich höre meinen Retter rufen,*
*Ich höre meinen Retter rufen,*
*Ich höre meinen Retter rufen,*
*Nimm dein Kreuz und folge,*
*folge mir!*

Wie immer, wenn die Stimmen der beiden jungen Leute in einfühlsamer Harmonie erklangen, war es, als würden die Zuhörer die Luft anhalten. Mancher hatte die Augen geschlossen, vertieft in das Lob Gottes, während andere, die die fast greifbare Verbundenheit zwischen dem bemerkenswerten jungen Duo spürten, über eine zukünftige Märchenhochzeit spekulierten. Rachel und Jason gingen zum Refrain über:

*Wohin er mich führt, will ich folgen,*
*Wohin er mich führt, will ich folgen,*
*Wohin er mich führt, will ich folgen,*
*Ich will mit ihm gehen, mit ihm,*
*den ganzen Weg.*

Als der letzte Ton verklungen war, gab es begeisterten Beifall, und auch Michael Maxwell applaudierte, als er auf die Kanzel ging. »Danke, Rachel und Jason«, sagte er warmherzig, als der Applaus verebbte. »Nach so einer Musik weiß ich gar nicht, ob ich überhaupt noch predigen muss.« Die Versammelten lachten höflich. Nach ein paar einleitenden Worten schlug Michael seine Bibel auf und begann mit der Predigt. Er war begeistert von der Aufgeschlossenheit der Zuhörer an diesem Morgen. Wie üblich hatte die Kombination aus Musik, bequemen Sitzen und ansprechender Umgebung seiner Botschaft den Weg geebnet. Obwohl er nicht gerne in solchen Kategorien dachte, hatte die geschickte Inszenierung der sonntagmorgendlichen Gottesdienste viel zu seinem Erfolg als Geistlicher beigetragen.

Seine Predigt an diesem Vormittag war wie immer sowohl anspornend als auch unterhaltsam. Michael Maxwell stand für sein Leben gern auf der Kanzel, er liebte es, das Wort Gottes auf eindringliche Weise zu predigen und die Reaktionen seiner bunt gemischten Zuhörerschaft zu beobachten. Immer baute er amüsante Geschichten und wahre Anekdoten ein, um seine Predigten lebhaft zu gestalten, und wurde in der Regel belohnt mit Bemerkungen wie »Ausgezeichnete Arbeit, Herr Pastor! Der Gottesdienst ging vorbei wie im Flug.« Alles in allem war Michael sehr zufrieden mit seinem Leben, seiner Gemeinde und der Entwicklung seiner Karriere.

Jetzt beendete er die Predigt, schloss seine Bibel und gab der Musikgruppe ein Zeichen, mit dem letzten Lied zu beginnen.

Doch in dem Moment, als er hinter der Kanzel hervortrat, wurde er durch einen verhaltenen Schrei aus den Reihen der Versammelten aufgeschreckt. Die Gottesdienstbesucher wandten sich um und starrten eine junge Frau in der letzten Bank an, die nun in den Mittelgang trat und langsam nach vorne kam, an der Hand ein kleines Kind.

Schlagartig erkannte Michael seine beiden Besucher vom Freitag wieder. Bevor er irgendetwas tun konnte, standen sie ganz vorne in der Kirche. Die Augen der Frau waren gerötet und voller Tränen, und als sie sich der Gemeinde zuwandte, schien sie sich wie in einem Fiebertraum zu bewegen.

»Ich weiß, dass in der Kirche nicht jeder einfach reden darf«, sagte sie mit zittriger Stimme. »Es tut mir auch Leid, dass ich Sie störe, aber ich bin wirklich am Ende. Ich weiß nicht mehr, an wen ich mich sonst wenden könnte.« Michael gab zwei Diakonen, die entschlossen auf die Frau zumarschierten, ein Zeichen stehen zu bleiben. Völlig überrumpelt hörte er weiter zu, wie die junge Frau fortfuhr. »Vor einem halben Jahr, als ich merkte, dass ich wieder schwanger war, ist mein Mann verschwunden. Ich glaube, er wollte damit nichts zu tun haben. Ich hatte an der Abendschule einen Programmierkurs belegt, aber als Jim weg war, musste ich damit aufhören und in einem Supermarkt arbeiten. Mein Chef hat mir erlaubt, meine Tochter mitzubringen, aber dann wurde ich krank und musste gehen. Vor zwei Wochen hat man mich aus unserer Wohnung geworfen. Seitdem wohnen Hallie und ich in meinem Auto.«

Als sie eine Pause machte, um durchzuatmen und sich zu fassen, riskierte Michael einen kurzen Blick auf die schweigende Gemeinde. Cliff Bright, der rundliche, glatzköpfige Eigentümer der Verbrauchermarktkette »Mr B«, sah bestürzt aus, seine Frau leicht verärgert. Lauren Woods schien entsetzt. Jason Clark und Rachel Wingate, die in der ersten Reihe saßen, waren offensichtlich völlig gebannt von dem, was geschah. Jason schaute dann plötzlich peinlich berührt auf den Fußboden, aber Rachel starrte die Frau weiterhin an und ihr Blick zeigte tiefe Beunruhigung. Mitten in der erstarrten Menge trat ihr blasses, ausdrucksreiches Gesicht hervor wie in einem Goldrahmen.

»Tatsache ist«, fuhr die Frau fort, fast als spräche sie zu sich selbst, »ich bin in den letzten Tagen fast verzweifelt. Ich wollte keine Almosen, sondern nur, dass jemand auf meine Tochter aufpasst, bis ich den ersten Lohn kriege. Ich habe meine Eltern angerufen, aber die haben gesagt, Gott bestraft mich dafür, dass ich jemanden wie Jim geheiratet habe. Das geht schon in Ordnung, glaube ich, aber bestraft er auch mein kleines Mädchen? Dann habe ich alle Betreuungseinrichtungen abgeklappert, in der Hoffnung, dass sich da etwas machen lässt, aber sie haben alle nur abgewunken. Ich kann es ihnen nicht mal übel nehmen, sie haben diese Geschichte wohl schon x-mal gehört.«

Sie schloss die Augen für einen unendlich scheinenden Moment und öffnete sie dann langsam wieder. »Es tut mir wirklich Leid«, sagte sie matt. »Ich sollte Sie mit meinen Problemen nicht belästigen. Aber das alles ergibt für mich einfach keinen Sinn. Was hat es zu bedeuten, wenn Menschen singen: ›Ich gebe alles auf und folge Jesus nach?‹ Ich meine, ich war letzte Woche bei sechs verschiedenen Kirchengemeinden auf der Suche nach Hilfe, und Ihr Pastor hier war einer der wenigen Menschen, die überhaupt mit mir geredet haben. Er hat angeboten, sich meine Telefonnummer aufzuschreiben. Das wäre toll gewesen, wenn ich nur ein Telefon gehabt hätte. Ich dachte – ich habe immer geglaubt, die Leute in der Kirche müssten sich wie Jesus verhalten, Sie wissen schon, anderen Gutes tun und so. So ist es doch, oder? Aber jetzt ist es zu spät, ich habe den Job verloren ...« Sie begann zu schluchzen, und ihre Unterlippe zitterte, als sie auf ihre kleine Tochter hinunterschaute.

Als sie den Kopf wieder hob, sah man die Verzweiflung in ihren dunklen Augen. »Ich weiß nicht, was ich jetzt machen soll. Wo kann ich noch hingehen? Ich wünschte nur – ich hatte wirklich geglaubt, jemand könnte nur für ein paar Tage auf Hallie aufpassen oder ihr wenigstens ein warmes Essen geben, so dass ich zur Arbeit gehen könnte. Ist das nicht, was Jesus tun würde? Was würde Jesus tun? Ich – ich ...« Die Frau hob eine Hand und strich sich über die Stirn. Plötzlich stieß sie einen schrillen Schrei aus und brach zusammen. Ihr Gesicht war schmerzverzerrt. Als Michael herbeigerannt kam, um sie aufzuheben, starrte sie ihn an, ohne ihn zu erkennen, und wurde in seinen Armen bewusstlos.

Ein entsetztes Raunen ging durch die Kirche. »Ruft einen Krankenwagen!«, rief Michael.

Die Leute standen auf und verteilten sich in den Gängen. Rachel Wingate kam entschlossen nach vorn und half Michael, die Frau auf den Boden zu legen. Dann wandte sie sich dem verängstigten kleinen Mädchen zu und tröstete es. Sie hielt das Kind immer noch im Arm, als Dr. West sich einen Weg durch die Menge bahnte und sich neben die am Boden liegende Frau kniete.

Einen Moment später blickte die Chirurgin auf, ihr Gesicht war ernst.

»Sie hat eine Gehirnblutung«, sagte sie. »Sie muss sofort ins Krankenhaus.«

## 2

Der Rettungswagen fuhr los in Richtung Ashton Memorial Hospital und mit ihm die Frau, von der man inzwischen wusste, dass sie Brenda Collier hieß und 25 Jahre alt war. Michael, den die Sache mehr mitgenommen hatte, als er zugab, stand auf der Treppe vor der Kirche und sprach mit Alex Powell, Jason Clark, Jenny und Roger Paige und einigen anderen, die nach dem abrupten Ende des Gottesdienstes noch gewartet hatten. Das Kind war bei ihnen geblieben, und mit Tränen in den Augen klammerte es sich immer noch an Rachel.

»Und was jetzt?«, fragte Jason und schaute zu Rachel herüber. Es erstaunte ihn, wie sie das kleine Mädchen zu beschützen versuchte. Offensichtlich hatte sie nicht einmal die hässlichen Flecke bemerkt, die die Tränen des schluchzenden Kindes auf der Vorderseite ihres jadegrünen Seidenkleides hinterlassen hatten.

Michael antwortete bedächtig: »Sharon und ich werden ins Krankenhaus fahren und sehen, ob wir irgendwie helfen können. Das ist das Mindeste, was wir tun können, wo doch –« Seine Stimme versagte, und die anderen blickten ihn erstaunt an. Sie hatten noch nie erlebt, dass ihrem redegewandten Hirten die Worte fehlten.

Rachel half ihm aus der Situation heraus. »Michael, warum kann ich das kleine Mädchen nicht erst mal mit zu mir nach Hause nehmen? Ich habe genug Platz in meiner Wohnung und Uni ist ja im Moment nicht.« Sie machte eine Pause und fügte dann entschlossen hinzu: »Es würde mir wirklich absolut nichts ausmachen.«

Jason sah überrascht aus, und Roger Paige runzelte fragend die Stirn. Rachel Wingate war keinem von ihnen je als ein mütterlicher Typ aufgefallen. Aber Michael stellte das Angebot der jungen Sängerin nicht in Frage. »Danke, Rachel«, lächelte er. »Das wäre eine große Hilfe.«

Im Krankenhaus erfuhren die Maxwells, dass Brenda Collier in einem kritischen Zustand war – und dass sie wegen ihres großen Blutverlustes eine Totgeburt gehabt hatte. Seit ihrem Zusammenbruch in der Kirche war sie nicht mehr zu Bewusstsein gekommen. Michael und Sharon gingen ins Wartezimmer, setzten sich auf das harte Sofa und hielten einander voller Sorge im Arm.

»Hätte ich bloß etwas getan, als sie vorgestern bei der Kirche um Hilfe gebeten hat«, sagte Sharon leise. »Michael, wie konnte ich jemanden, der vor meinen Augen stirbt, einfach nicht zur Kenntnis nehmen?«

Aber ihr Mann hatte genug mit der Schuld zu kämpfen, die auf ihm selbst lastete. »Ich habe mich genauso falsch verhalten, wenn nicht noch schlimmer. Sie hat mich regelrecht um Hilfe angefleht, aber ich habe sie weggeschickt, weil ich zu beschäftigt war mit der Vorbereitung einer Predigt!« Er lachte bitter. »Ich kann es einfach nicht fassen. Jedes Mal, wenn ich daran denke, wie sie gefragt hat ›Was würde Jesus tun?‹, verurteilen mich meine eigenen Worte über das Folgen in seinen Fußstapfen.«

Bis ins Innerste aufgerüttelt, begannen sie eine betende Nachtwache für die beinahe Fremde, die da auf der Intensivstation lag.

*

Der Montagmorgen kam und brachte keine Veränderung in Brendas Zustand. Michael und Sharon waren die ganze lange Nacht im Krankenhaus geblieben. Jetzt gingen sie müde über die Treppe nach unten in die Cafeteria und bestellten zwei Tassen Kaffee. Sie hatten sich gerade hingesetzt, als sie eine vertraute Stimme hörten.

»Michael? Sharon?« Es war Rachel mit der kleinen Hallie. Sie rutschte auf einen Stuhl neben ihnen und hob das Kind auf ihren Schoß. »Ich habe sie hergebracht, damit sie ihre Mami sehen kann. Wie geht es ihr?«

Sharon schüttelte müde den Kopf. »Nicht gut, fürchte ich. Sie hat viel Blut verloren. Sie hat eine Transfusion bekommen, aber sie ist immer noch nicht ansprechbar. Die Ärzte machen einem nicht viel Hoffnung.«

Rachel war einen Augenblick still und verarbeitete die Neuigkeiten. Sharon betrachtete das blasse Gesicht der Sängerin genau, und plötzlich wurde ihr klar, wie merkwürdig es war, dass sie ins Krankenhaus gekommen war, um sich nach der Frau zu erkundigen. Rachel war unangenehmen Situationen bisher immer aus dem Weg gegangen und hatte es vorgezogen, in der Gemeinde mit ihrem musikalischen Talent hervorzutreten. Hatten die verzweifelten Worte der Frau: »Was würde Jesus tun?«, auch sie getroffen?

Rachel beugte sich zu Hallie hinunter und strich sanft über die Wange des Mädchens, und ihr langes, kastanienbraunes Haar leuchtete neben den kurzen, dunklen Locken des Kindes. »Kann ich irgendwie helfen? Habt ihr ihrer Familie schon Bescheid gesagt, was passiert ist?«

Michael schüttelte den Kopf. »Wir versuchen immer noch sie ausfindig zu machen. Gestern haben wir in dem Haus gefragt, wo sie zuletzt gewohnt hat, aber ihre Nachbarn wussten nicht viel über sie. Der Wohnungsverwalter hat gesagt, dass Brenda und ihr Mann von irgendwo im Südwesten nach hier gezogen sind, aber er konnte keine Namen oder Adressen nennen. Er meinte, Jim Collier habe im letzten halben Jahr mit Drogen zu tun bekommen. Er glaubt, dass er wahrscheinlich immer noch hier irgendwo in der Gegend ist.«

»Aber wenn er Drogen nimmt«, sagte Rachel leise und warf einen ängstlichen Blick auf Hallie, »dann werden wir nicht zulassen, dass sie zu ihm kommt, oder? Ich meine natürlich, falls ihrer Mutter etwas passiert?«

Sharon blickte ihr in die Augen. »Nicht, wenn wir es verhindern können.«

*

Während der nächsten vierundzwanzig Stunden verließen Pastor Maxwell und seine Frau kaum das Krankenhaus von Ashton. Dr. West hielt sie über Brendas Zustand auf dem Laufenden und ließ sie die Bewusstlose von Zeit zu Zeit sehen. In der Hoffnung, dass die junge Frau sie irgendwie hören konnte, versicherten Michael und Sharon ihr immer wieder, dass sich jemand um die kleine Hallie kümmern würde.

Rachel meisterte die ungewohnte Rolle der Ersatzmutter tatsächlich mit überraschendem Geschick. Nachdem sie tags zuvor das Krankenhaus verlassen hatte, war sie mit Hallie im nahe gelegenen Einkaufszentrum am Ashton Square gewesen und hatte ihr ein paar dringend benötigte Kleidungsstücke und Schuhe gekauft. Als sie mit dem Kind Hand in Hand durch die Gegend spazierte, amüsierte sich Rachel ein wenig darüber, wie sie von einigen älteren Damen angestarrt wurden. In einem Geschäft half sie Hallie dabei, ein paar neue Kleidchen für den Frühling anzuprobieren, und suchte dann in einem anderen Geschäft erst Söckchen und Unterwäsche aus und dann noch ein sonnengelbes Nachthemd, ein paar Schuhe mit Blümchendekor, und, nach kurzem Überlegen, eine große Haarspange aus Plastik, Babyshampoo und einen speziellen Haarfestiger für krauses, schwarzes Haar.

»Jetzt muss ich nur noch herausfinden, wie ich alle diese kleinen Löckchen wieder hinbekomme, wenn ich deine Haare gewaschen habe«, sagte sie zu Hallie, als sie an der Kasse anstanden. »Ich habe so ein Gefühl, dass es schwerer ist, als es aussieht.«

Das kleine Mädchen, das Rachels warmen Tonfall, wenn auch nicht den Sinn der Worte verstand, hüpfte umher und sagte bittend: »Hoch!« Rachel lächelte, nahm sie hoch und lehnte ihren Kopf für einen Augenblick an Hallies Stirn.

»Ich hab dich lieb, Kleines«, flüsterte sie, und sie seufzte bei dem Gedanken an die junge Frau, die jetzt im Krankenhaus um ihr Leben kämpfte. Was würde aus ihrer Tochter, wenn sie starb?

Es war schon später Nachmittag an diesem Dienstag, und Michael und Sharon saßen im Wartezimmer des Krankenhauses, als Dr. West um die Ecke des Krankenhausflures kam. Kurz darauf kam die Unfallchirurgin in das Zimmer, in Begleitung eines Dienst habenden Arztes, Dr. Kenneth Bender.

Die Maxwells blickten auf und deuteten den ernsten Ausdruck der Gesichter richtig. Sharon sagte leise: »Sie ist gestorben, nicht wahr?«

Dr. West nickte nur. Offensichtlich nahm Brendas Tod sie sehr mit. Dr. Bender räusperte sich. »Hat irgendjemand inzwischen herausbekommen, wo ihre Familie ist?«

Michael schüttelte den Kopf. »Wir sind immer noch dabei, es zu versuchen. Aber wenn wir sie nicht schnell finden können, wird die Gemeinde alles Notwendige arrangieren.«

*

Während der nächsten Tage, als sich die Tragödie langsam herumsprach, wurde das Büro der Gemeinde mit Anrufen überhäuft. Während der zehn Jahre, die er in der Gemeinde in Ashton war, hatte Michael Maxwell noch nie eine solche Welle der Hilfsbereitschaft für einen fremden Menschen erlebt. Es war, als wären seine Schäfchen plötzlich aus einem lähmenden Schlaf erwacht.

Am Donnerstag hatte man Jim Collier endlich in einem Vorort von Chicago ausgemacht, wo er mit einer Siebzehnjährigen zusammenlebte. Obwohl er behauptete, vom Tod seiner Frau und seines Kindes schockiert zu sein, weigerte er sich, die zwei Stunden Autofahrt nach Ashton in Kauf zu nehmen, um alles für die Beerdigung zu arrangieren – geschweige denn, sich um seine Tochter zu kümmern.

»Niemand, der bei klarem Verstand ist, könnte so eiskalt sein. Ich nehme an, dass er unter Drogen stand, als er mit mir redete«, erzählte Michael anschließend seiner Frau. »Aber wenigstens hat er mir eine Telefonnummer gegeben, unter der ich Brendas Eltern in Arizona erreichen kann.«

Die Andersons reagierten ganz anders auf die Nachricht vom Tod ihrer Tochter.

»Brenda hat uns nicht erzählt, dass sie schwanger war«, sagte Mrs Anderson, nachdem der erste Schock vorbei war und sie sich wieder etwas beruhigt hatte. »Und auch nicht, dass sie aus ihrer Wohnung musste. Sie hat mir gesagt, Jim habe sie wieder einmal verlassen und sie müsse die Schule aufgeben und sich einen neuen Job suchen. Wir hatten ihr vorher schon geholfen, aber sobald sie wieder auf eigenen Füßen stand, kam Jim zurück, und sie ließ ihn wieder zu sich. Dieses Mal war ich richtig wütend auf sie. Ich habe ihr gesagt, dass jemand, der so einen Mann heiratet, es nicht besser verdient hat!«

Michael versuchte sie zu trösten, aber es war ein quälendes Gespräch. Sie sagten, sie würden am nächsten Tag nach Ashton fliegen, dafür sorgen, dass ihre tote Tochter zurück nach Arizona gebracht werde, und auch ihre kleine Enkelin mitnehmen.

»Vielen Dank, Herr Pastor, dass Sie uns angerufen haben«, sagte Mr Anderson zum Schluss. »Es gibt heute nur noch wenige Menschen, die sich um irgendetwas kümmern, auch so genannte Christen. Das ist einer der Gründe, warum meine Frau und ich schon seit Jahren nicht mehr zur Kirche gehen.« Er holte tief Luft. »Jetzt glaube ich, dass das vielleicht ein Fehler war.«

Während der nächsten Tage verbrachte Michael viel Zeit im Gebet. Er konnte nicht einfach zur Tagesordnung übergehen – immer wieder fragte er sich, wie es sein konnte, dass er sich so weit von seinen Anfängen in seinem geistlichen Beruf entfernt hatte. Er war angetreten mit dem ernsthaften Wunsch, Menschen in ihrem Leben zu berühren, aber mit zunehmendem Erfolg hatte sich auch sein Verantwortungsbereich vergrößert. In den letzten Jahren glich das Profil seines »Jobs« in der Gemeinde mehr dem eines Managers als dem eines Predigers und Seelsorgers.

»Herr Jesus Christus«, betete er, »bitte führe mich zurück zum Wesentlichen. Zeig mir, was es wirklich heißt, dir nachzufolgen.«

*

Der Sonntagmorgen brach an, ein frischer und klarer Tag – genau wie der Sonntag der vergangenen Woche, sonnig und erfüllt mit dem Duft der ersten Frühlingsblumen. Michael Maxwell stieg auf seine Kanzel und sah sich einer der größten Menschenmengen gegenüber, die sich je in seiner Kirche versammelt hatten.

Der Gottesdienst begann ruhig an diesem Vormittag. Die Musikgruppe stimmte ein paar einfache Lieder an, aber das übliche musikalische Highlight fehlte heute. Die gedrückte Stimmung unter den Gottesdienstteilnehmern brachte nur einen halbherzigen Applaus hervor, als die Musiker zu ihren Plätzen zurückgingen. Rachel Wingate hatte deutlich sichtbare Schatten unter den Augen.

Jetzt, da Michael in die versammelte Menge schaute, wirkte er seltsam zögerlich. Von seinem gewohnt sicheren Lächeln war nichts zu sehen, und es herrschte eine gespannte Stille, als er seine Notizen zurechtlegte und seine Bibel öffnete. Einige Gemeindemitglieder tauschten bedeutungsvolle Blicke aus. Ihr charmanter junger Pastor schien fast krank zu sein.

Michael räusperte sich. »Wir beenden heute Morgen unsere

Reihe über ›Gottes Schritte zum Erfolg‹ mit dem Thema: ›Glauben und das Ziel erreichen‹«, sagte er in gemessenem Ton. »Doch vorher wollen wir beten.«

Als er seine Augen schloss und begann, um Gottes Segen für die versammelte Gemeinde zu bitten, sah er plötzlich das Gesicht von Brenda Collier vor sich, so deutlich, als stünde sie vor ihm. Ein schmerzhafter Kloß saß in seinem Hals, als er sie wieder verzweifelt und provozierend fragen hörte: »Was würde Jesus tun?«

Seine Stimme stockte plötzlich. »Unser Vater im Himmel«, betete er dann, »zeige uns heute Morgen vor allem, was es wirklich bedeutet, in deinen Fußstapfen zu gehen. Darum bitten wir durch Jesus Christus, Amen.«

Die anschließende Predigt war alles andere als geschliffen. Zweimal verlor Michael den Faden, wich von seinem Konzept ab und musste einen Punkt zweimal erklären, damit er verständlich wurde. Es war offensichtlich, dass irgendein Gedanke, der mit der Predigt dieses Vormittags wenig zu tun hatte, in seinem Kopf herumspukte und danach drängte, ausgesprochen zu werden.

Schließlich, gegen Ende des Gottesdienstes, schien der Pastor eine Entscheidung getroffen zu haben. Er schloss seine Bibel, trat hinter der Kanzel hervor und stellte sich vor die versammelte Gemeinde.

»Letzte Woche«, sagte er mit einer plötzlichen Kraft, die man in seiner vorher gehaltenen Predigt schmerzhaft vermisst hatte, »hat eine junge Frau namens Brenda Collier in unserem morgendlichen Gottesdienst ihre Stimme erhoben und uns berichtet, wie sie zu verschiedenen Gemeinden und Einrichtungen hier in Ashton gegangen ist und um Hilfe gebeten hat, aber jedes Mal zurückgewiesen wurde. Sie fragte sich, was wir Christen meinen, wenn wir Lieder singen wie ›Ich gebe alles auf‹ und in Wirklichkeit nur sehr wenig aufzugeben scheinen. Dann stellte sie eine ganz einfache Frage: ›Was würde Jesus tun?‹ Für diejenigen unter Ihnen, die es noch nicht wissen, möchte ich zunächst sagen, dass sie am Dienstagnachmittag im Ashton Memorial Hospital gestorben ist. Das Kind, mit dem sie schwanger war, wurde tot geboren.«

Michael machte eine Pause und blickte in die Runde. Er hatte noch nie so viele ernste Gesichter gesehen. Jenny Paige fixierte ihn mit ihren durchdringenden blauen Augen, aber ihr Gesichtsausdruck war nicht zu deuten. Selbst der zynische junge Roger neben ihr war ungewöhnlich aufmerksam. Wie kann ich richtig ausdrücken, was ich fühle?, dachte Michael. »Jesus hat deutlich gemacht, dass wir unsere Liebe zu ihm dadurch zeigen, wie wir mit Menschen um uns herum umgehen, die in Not sind. Die meisten von uns kennen die Stelle in Matthäus 25,35-45:

›Denn ich bin hungrig gewesen, und ihr habt mir zu essen gegeben. Ich bin durstig gewesen, und ihr habt mir zu trinken gegeben. Ich bin ein Fremder gewesen, und ihr habt mich aufgenommen.

Ich bin nackt gewesen, und ihr habt mich gekleidet. Ich bin krank gewesen, und ihr habt mich besucht. Ich bin im Gefängnis gewesen, und ihr seid zu mir gekommen.

Dann werden ihm die Gerechten antworten und sagen: Herr, wann haben wir dich hungrig gesehen und haben dir zu essen gegeben, oder durstig und haben dir zu trinken gegeben?

Wann haben wir dich als Fremden gesehen und haben dich aufgenommen, oder nackt und haben dich gekleidet? Wann haben wir dich krank oder im Gefängnis gesehen und sind zu dir gekommen?

Und der König wird antworten und zu ihnen sagen: Wahrlich, ich sage euch: Was ihr getan habt einem von diesen meinen geringsten Brüdern, das habt ihr mir getan.

Dann wird er auch sagen zu denen zur Linken: Geht weg von mir, ihr Verfluchten, in das ewige Feuer, das bereitet ist dem Teufel und seinen Engeln! Denn ich bin hungrig gewesen, und ihr habt mir nicht zu essen gegeben. Ich bin durstig gewesen, und ihr habt mir nicht zu trinken gegeben. Ich bin ein Fremder gewesen, und ihr habt mich nicht aufgenommen. Ich bin nackt gewesen, und ihr habt mich nicht gekleidet. Ich bin krank und im Gefängnis gewesen, und ihr habt mich nicht besucht.

Dann werden sie ihm auch antworten und sagen: Herr, wann haben wir dich hungrig oder durstig gesehen oder als Fremden oder nackt oder krank oder im Gefängnis und haben dir nicht gedient?

Dann wird er ihnen antworten und sagen: Wahrlich, ich sage euch: Was ihr nicht getan habt einem von diesen Geringsten, das habt ihr mir auch nicht getan.‹«

Michael stand die innere Anspannung ins Gesicht geschrieben. »Nur wenige von Ihnen wissen, dass Brenda Collier auch an meine Tür gekommen ist und um Hilfe gebeten hat. Sie war eine Fremde – und ich habe sie nicht aufgenommen. Sie war hungrig – und ich habe ihr nicht zu essen gegeben. Sie brauchte Kleider – und ich habe ihr keine gegeben. Es war mir in dem Augenblick nicht bewusst, aber als ich mich von ihr abwandte, habe ich mich von meinem Herrn abgewandt.«

Er hielt inne und suchte nach den passenden Worten. »Ich habe während der letzten Tage viel gebetet und mein Gewissen erforscht und bin zu einigen schwer wiegenden Ergebnissen gekommen. Keine Aktivität der Gemeinde, so gut sie auch sein mag, kann andere Menschen so tief berühren wie eine ganz persönliche Tat der Nächstenliebe.

Ich hatte gar nicht vor, heute darüber zu sprechen, aber ich könnte mir auch keinen besseren Zeitpunkt denken, um Sie mit einem Gedanken vertraut zu machen, der bei mir langsam gereift ist.«

Unter den Zuhörern setzte sich Alex Powell noch etwas aufrechter hin, und seine kantigen Gesichtszüge strahlten eine entschlossene Aufmerksamkeit aus. In der anderen Ecke der Kirche strich sich Ted Newton nervös durch sein dichtes, gewelltes Haar und wirkte überrascht, aber konzentriert. Cliff Bright hatte sich leicht nach vorn gelehnt, sein pausbackiges Gesicht erwartungsvoll. Als seine Frau die Stirn runzelte und ihn am Arm anstieß, lehnte er sich wieder zurück, schaute aber weiter den Pastor an.

Als er in ihren Gesichtern las, fragte sich Michael, wie viele wohl auf den Vorschlag, den er machen wollte, eingehen würden. Er redete entschlossen weiter und überlegte dabei genau, was er sagte.

»Was ich jetzt vorschlagen möchte, soll nicht seltsam oder extrem klingen, aber einige von Ihnen werden es vielleicht trotzdem so empfinden. Um es auf den Punkt zu bringen: Ich suche Menschen aus dieser Gemeinde, die sich gemeinsam mit mir fest vornehmen, ein ganzes Jahr lang keine Entscheidung zu treffen, ohne sich vorher zu fragen, was Jesus an ihrer Stelle tun würde.«

Michael machte eine Pause und fast schien es, als erwartete er so etwas wie eine hörbare Reaktion seiner Zuhörer. Aber sie saßen da wie erstarrt, alle Blicke eisern auf sein Gesicht gerichtet.

»Nachdem Sie sich diese Frage gestellt haben, sollen diejenigen von Ihnen, die diesen Vorsatz gefasst haben, versuchen Jesus nachzufolgen, so gut sie es können, was auch immer die Konsequenzen sein mögen. Nach dem heutigen Gottesdienst werde ich drüben im Vortragssaal für jeden zu sprechen sein, der gemeinsam mit mir einen solchen Vorsatz fassen möchte.«

Er holte tief Luft und atmete langsam wieder aus. Die erstarrte Gemeinde begann sich zu rühren, und einige Mitglieder wechselten verwunderte Blicke. Es passte überhaupt nicht zu Michael Maxwell, einen so radikalen Vorschlag zu machen.

In der dritten Bank starrte eine Sekretärin namens Terri Bannister mit leerem Blick auf ihre bordeauxrote, lederne Bibel und dachte über den provozierenden Vorschlag des Pastors nach. Gemeinsam mit ihren drei Kindern war sie jetzt seit zwei Jahren zu dieser Gemeinde gegangen – gegen den Widerstand ihres Mannes, der das alles als »religiöse Gehirnwäsche« bezeichnete. Wie würde er reagieren, wenn sie solch einen Vorsatz fasste?

Auch Lauren Woods, die genau hinter ihr saß, sah nachdenklich aus. Tief in ihrem Herzen gab es da plötzlich etwas, eine fast vergessene Sehnsucht nach – ja, wonach? War es möglich, dass die

Leere in ihrem Leben in Wirklichkeit das Verlangen war, Gott näher zu sein?

Michael beendete den Gottesdienst mit einem Gebet, und dann begann die Musikgruppe leise zu spielen. Es fiel auf, dass weder Rachel Wingate noch Jason Clark mit dabei waren. Als sich der Gottesdienstraum zu leeren begann, standen einige in Gruppen zusammen und diskutierten lebhaft über den radikalen Vorschlag des Pastors. Michael verabschiedete sich noch von einigen Gästen und machte sich dann auf den Weg zum Vortragssaal.

Vor der Tür blieb er stehen und fragte sich, wer wohl die Herausforderung annehmen würde – wenn es überhaupt jemand tat. Unter all den wohlhabenden und gebildeten Mitgliedern seiner Gemeinde fiel ihm höchstens ein knappes Dutzend Männer und Frauen ein, denen er einen solchen Schritt zutrauen würde. Er sandte ein stilles Gebet gen Himmel und trat ein.

Er war verblüfft, als er sah, dass ungefähr fünfzehn Leute auf ihn warteten. Er schaute sich um und bemerkte mit einiger Verwunderung, dass nicht nur Sharon und einige engagierte Gemeindemitglieder wie Alex Powell und Daniel Marshall da waren, sondern auch andere, deren Erscheinen er unter den gegebenen Umständen für sehr unwahrscheinlich gehalten hätte: Ted Newton, Jenny Paige, Rachel Wingate, Patricia West und Jason Clark.

Michael ging nach vorne, und die Anwesenden verstummten. Als er sich zu ihnen umdrehte, konnten sie sehen, wie bewegt er war. Bis zu diesem Augenblick war ihm nicht klar gewesen, wie lieb ihm diese Männer und Frauen waren, die ihn jetzt so erwartungsvoll und ernst anblickten. Er schluckte ein paar Mal, bevor er sprach. »Wollen Sie mit mir beten?«, fragte er leise.

»Herr, wir sind heute hier versammelt, um gemeinsam mit dir ein großes Wagnis einzugehen. Wir wissen nicht, wohin uns das führen wird, und wir sind ein wenig unsicher, was die Zukunft angeht, aber wir vertrauen auf dich, dass du uns bei diesem Vorhaben Schritt für Schritt leiten wirst.«

Während er noch sprach, spürte Michael, dass er nicht der Einzige war, mit dem etwas geschehen war. Es gab keinen Zweifel, dass der Geist Gottes sie in einer Weise miteinander verband, wie es menschliche Gemeinschaft nicht vermochte. Als das Gebet zu Ende war, herrschte mehrere Minuten lang Stille. Michael blickte langsam auf und sah in Sharons Augen und in den Gesichtern vieler anderer dieselbe Verwunderung, die er selbst empfand.

»Wie Sie wissen«, sagte er schließlich, »war ich in der vergangenen Woche gezwungen, mich mit einigen unangenehmen Wahrheiten über mich selbst zu befassen. Irgendwann habe ich offenbar angefangen, den persönlichen menschlichen Kontakt durch Aktionen und Gemeindeaktivitäten zu ersetzen. Zwar könnte ich dafür eine Reihe guter Gründe nennen, aber Tatsache ist: Es war nicht das, was Jesus getan hätte.

Ich habe deshalb – ich sagte es ja vorhin bereits – beschlossen, mich von heute an ein Jahr lang ständig zu fragen: ›Was würde Jesus tun?‹ Sobald ich nach bestem Wissen und Gewissen entschieden habe, wie er in einer bestimmten Situation handeln würde, werde ich versuchen, es genauso zu machen, ohne Rücksicht auf mögliche unangenehme Folgen. Das gelobe ich vor Ihnen und vor Gott. Ich freue mich, dass so viele von Ihnen bereit sind, sich mir anzuschließen.«

Ein leises, aber einmütiges Raunen brachte die Zustimmung der Anwesenden zum Ausdruck. Michael fragte: »Haben Sie irgendwelche Fragen?«

Rachel Wingate hob die Hand. »Michael«, sagte sie zögernd, »Ich weiß nicht so recht, wie ich herausfinden soll, was Jesus an meiner Stelle tun würde. Oder anders gesagt: Das Leben ist heute nicht mehr so wie zur Zeit der Bibel.«

Michael nickte zustimmend. »Darauf kann ich keine einfache Anwort geben«, gab er zu, »aber ich weiß, wenn wir beten und um die Führung des Heiligen Geistes bitten, werden wir sie bekommen. Erinnert ihr euch, was Jesus gesagt hat?

›Wenn aber jener, der Geist der Wahrheit, kommen wird, wird er euch in alle Wahrheit leiten. Denn er wird nicht aus sich selber reden; sondern was er hören wird, das wird er reden, und was zukünftig ist, wird er euch verkünden.‹«

»Aber was ist, wenn jemand glaubt, Jesus würde etwas ganz anders machen, als man selbst es macht?«, fragte Daniel Marshall. Er kannte die Diskussionen zwischen verschiedenen Theologen von seinem Studium, und auch in seinem Hauskreis hatte es schon so manchen Streit um die »richtige« Meinung zu mancher Frage gegeben.

»Das lässt sich nicht ändern. Aber solange wir alle unser Bestes geben, um dem Beispiel Jesu so gut wie möglich zu folgen, kann ich mir einfach nicht vorstellen, dass es da allzu viel Verwirrung geben wird. Worauf es ankommt, ist: Sobald wir durch unser Beten erkannt haben, was Jesus tun würde, müssen wir uns daran halten, egal, welche Konsequenzen das für uns hat. Sind wir uns darüber einig?«

Alle nickten zustimmend, und Michael spürte, wie seine Anspannung langsam einer leisen Freude wich. Ich habe keine Ahnung, wo diese Reise hingehen wird, dachte er aufgeregt, aber ich weiß, dass wir das Richtige tun.

Es wurde noch ein paar Minuten lang geredet, dann beschloss man, sich am nächsten Sonntag wieder im Vortragssaal zu treffen. Auf dem Weg nach draußen schwiegen die meisten, in ihre eigenen Gedanken vertieft. Sharon ging gemeinsam mit Rachel Wingate und Lauren Woods hinaus.

Nachdem der Raum sich geleert hatte, schloss Michael die Tür hinter sich und ging in sein Büro. Eine ganze Weile saß er dort und ließ den Vormittag noch einmal vor seinem inneren Auge vorbeiziehen. Doch er ahnte nicht, dass er und seine gesamte Gemeinde bald Zeugen der ungewöhnlichsten Verkettung von Ereignissen werden würden, die Ashton je gesehen hatte.

# 3

Ted Newton betrat den Fernsehsender WFBB/Kanal 5 am Montagmorgen mit einem neuen, aber immer noch unfertigen Vorsatz. Obwohl der dynamische Chef des Senders eher aus einem spontanen Gefühl heraus nach dem Sonntagsgottesdienst noch dageblieben war, war er fest entschlossen, von nun an Entscheidungen nur noch zu treffen, nachdem er sich gefragt hatte: »Was würde Jesus tun?« Jetzt, wo er sich überlegte, was das für die nächsten Tage und Wochen bedeuten könnte, war er einerseits neugierig, aber andererseits auch etwas besorgt.

Er war heute ein paar Minuten früher gekommen. Als er an seinen Schreibtisch trat, schaute er unwillkürlich auf seinen Terminkalender. Wie gewohnt waren die Termine dicht gedrängt. Aber diesmal stürzte Ted sich nicht sofort in die Arbeit, die an diesem Tag anstand, sondern stand auf und schloss die Tür. Dann setzte er sich an seinen Schreibtisch, legte das Gesicht in seine Hände und bat den Heiligen Geist still um Rat und Leitung an diesem Tag.

Dann stand er auf, schaltete die Reihe der Bildschirme ein, die an einer Wand seines Büros angebracht waren, und lehnte sich in seinem bequemen Ledersessel zurück, um die Einschaltquoten zu studieren, die das Programm des vergangenen Tages in der Region erzielt hatte. Alle paar Minuten warf er einen kurzen Blick auf die Fernsehbildschirme, die gleichzeitig Kanal 5 und die Programme seiner vier größten Konkurrenten in Chicago zeigten. Als Vorstandschef und Geschäftsführer der lokalen Tochtergesellschaft des Senders war er dafür verantwortlich, dass das Unternehmen einen gleich bleibend hohen Marktanteil erzielte.

An diesem Morgen sahen die Einschaltquoten gut aus. Am Abend zuvor hatte das Programm zur Hauptsendezeit eine Einschaltquote von 18 Prozent sowie 31 Prozent Marktanteil erzielt und damit für einen ansehnlichen Gewinn gesorgt. Mit einer Handbewegung, die seinen Arbeitskollegen nur allzu vertraut war, strich sich Ted nervös durch die Haare und beugte sich über das

Papier, um einen genaueren Blick auf die eigene Leistung und die der Konkurrenten zu werfen. Da sich im härter werdenden Wettbewerb bereits eine neue Runde ankündigte, war es entscheidend, dass die Werbekunden am liebsten bei Kanal 5 Sendezeit kauften.

Er studierte immer noch das Blatt mit den Einschaltquoten, als der Programmdirektor anklopfte und seinen Kopf durch den offenen Türspalt steckte. »Haben Sie kurz Zeit, um über die Sonderausgabe von ›Kinder in Not‹ für nächste Woche zu sprechen?«, fragte Keith Walton. »Ich muss wissen, ob wir das Hauptprogramm dafür verschieben sollen.«

Ted lächelte und gab ihm ein Zeichen hereinzukommen. »Später habe ich wahrscheinlich auch nicht mehr Zeit als jetzt. Nehmen Sie Platz.«

Keith machte es sich auf einem Stuhl bequem und ließ den Blick voller Bewunderung in dem luxuriös ausgestatteten Büro umherschweifen. Üppige grüne Pflanzen fanden sich neben dem verspiegelten Fenster, und die mit feiner Textiltapete verkleideten Wände zierten impressionistische Gemälde und Schmucktafeln. Ein kleines, gerahmtes Foto, auf dem Newtons sympathische Frau und seine zwölfjährige Tochter zu sehen waren, stand neben seinem Terminkalender. Überall auf seinem Mahagonischreibtisch lagen verzierte Briefbeschwerer und Medaillen, die er für jahrelange Dienste für seine Stadt erhalten hatte.

»Wenn ich mir unseren Sendeplan für nächsten Mittwoch ansehe«, sagte Keith, »glaube ich, dass es ein schwerer Fehler wäre, ›Lexa‹ von ihrem Sendeplatz zu drängen, um einen Beitrag über missbrauchte Kinder auf der Suche nach einem Zuhause zu zeigen. Während dieser Sendezeit haben wir es ohnehin schon schwer, und eine so deprimierende Sendung könnte uns nur noch weiter nach unten ziehen.«

Ted überlegte kurz. »Ich glaube, Sie haben Recht. Bleiben wir bei dem angekündigten Programm.«

»Klingt vernünftig.«

Der Programmdirektor war schon fast an der Tür, als Ted plötzlich sagte, »Keith? Moment noch.« Es war ihm nachträglich eingefallen, dass er die Entscheidung einfach so getroffen hatte, ohne zu tun, was er feierlich versprochen hatte. Jetzt gab er sich bewusst Mühe und fragte sich in Gedanken: Was würde Jesus in dieser Situation tun?

»Wenn ich es mir richtig überlege«, sagte er in bedächtigem Ton, »glaube ich, wir sollten ›Kinder in Not‹ vielleicht doch senden. Wir verschieben ›Lexa‹ dieses Mal und hoffen das Beste.«

»Aber wieso?«, fragte Keith verblüfft.

»Ich habe mich so entschieden. Sagen Sie bitte in der Produktion Bescheid.«

»Aber –« Der Programmdirektor starrte seinen Chef erstaunt an. »Aber Ted, das ist einfach –«

Mit einer Handbewegung schnitt der Geschäftsführer ihm das Wort ab. »Ich glaube, ich schulde Ihnen eine Erklärung«, sagte er. »Kommen Sie wieder herein und machen Sie die Tür hinter sich zu.«

Als Keith sich wieder setzte, beobachtete Ted Newton ihn und versuchte ihn richtig einzuschätzen. Er wusste, dass der Programmdirektor zu einer kleinen Glaubensgemeinschaft im Süden von Ashton gehörte. Es war eine heruntergekommene Wohngegend, die von den größeren Kirchen gemieden wurde. Obwohl die beiden Männer schon seit drei Jahren bei diesem Sender zusammenarbeiteten und gut miteinander auskamen, hatten Sie noch nie über Religion gesprochen.

Das sollte sich ändern.

»Keith«, sagte Ted, »wenn Jesus der Geschäftsführer von Kanal 5 wäre, glauben Sie, er würde eine Talkshow zum Thema –«, er kramte in seinen Papieren, »– ›Ich stehe nur auf jüngere Männer‹ senden, und zwar anstelle einer Sondersendung, die dafür sorgen könnte, dass Kinder ein neues Zuhause finden?«

Keith lachte. »Sie wollen mich wohl auf den Arm nehmen?«

»Nein, ganz bestimmt nicht«, antwortete Ted lächelnd. »Was, glauben Sie, würde er tun?«

»Wahrscheinlich ›Kinder in Not‹ senden. Aber –«

»Es gibt kein Aber. Ich habe gestern feierlich versprochen, ein Jahr lang keine Entscheidung zu treffen, ohne mich erst zu fragen: ›Was würde Jesus tun?‹ Das ist der Grund für meinen Entschluss.«

Keith sank ein wenig tiefer in seinen Sessel und sah leicht verwirrt aus. »Wenn das bei unserer Muttergesellschaft bekannt wird, werden die Leute ausrasten. Schauen Sie, ich hab kein Problem damit, ich finde es sogar gut – aber glauben Sie wirklich, dass man so diesen Sender erfolgreich führen kann? Die Leute wollen Unterhaltung, keine Moralpredigten. In einer idealen Welt würde es sich immer auszahlen, das Richtige zu tun, aber dies ist keine ideale Welt. Wir werden Zuschauer verlieren, und Anzeigenkunden werden sich zurückziehen.« Er warf Ted einen durchdringenden Blick zu. »Sie werden Ihren Vertrag verlieren.«

Ted nickte verständnisvoll. »Wenn wir anfangen, Zuschauer zu verlieren, wird genau das passieren. Aber«, fügte er hinzu, »ich kann mir einfach nicht vorstellen, dass es nicht auch ein paar Leute gibt, die es begrüßen würden, wenn wir bei dem, was wir senden, mehr Verantwortung zeigten. Wir könnten vielleicht sogar erfolgreicher werden als je zuvor!«

Keith war immer noch skeptisch und sagte leise und wenig begeistert: »Wäre schön, wenn Sie Recht hätten.«

Als er Ted Newtons Büro verließ, sah der Programmdirektor so verdutzt aus wie jemand, der versehentlich in die Wohnung eines Fremden geraten ist. Er war sowohl beeindruckt als auch erschrocken angesichts der unvorhergesehenen Entscheidung seines Chefs, das Niveau des Senders zu heben. Es war riskant – aber was für eine Sensation könnte es sein, wenn es Erfolg hatte! Doch als er dann auf dem Rückweg in seine eigene Abteilung war, schüttelte er den Kopf. Es wird nicht gut gehen, dachte er besorgt. Hoffentlich zieht er uns nicht alle mit ins Unglück!

Ted kämpfte mit ähnlichen Gedanken. Er hatte den Entschluss gefasst und war bereit, die persönlichen Konsequenzen seines Handelns zu tragen. Aber war es gerecht, Angestellte des Senders wie Keith in ein Vorhaben hineinzuziehen, das in einem Fiasko enden konnte?

Was würde Jesus tun? Er holte ein Blatt Papier hervor, zögerte einen Moment und schrieb dann fein säuberlich auf den oberen Rand: »Was Jesus wohl an Ted Newtons Stelle machen würde«.

1. Er würde Untergebene nicht unter Druck setzen, seine Entscheidungen nur deshalb zu unterstützen, weil er der Chef ist. Er würde klar machen, dass Widerspruch ihre Stellung nicht gefährdet.

2. Wenn die Öffentlichkeit auf die Programmänderungen ablehnend reagieren würde, übernähme er offen die Verantwortung.

Ich könnte den Fernsehkritiker des Ashton Herald wissen lassen, dass ich die Änderungen trotz des Protestes des Programmdirektors vorgenommen habe, dachte Ted bitter. Dann würde es sich schnell genug herumsprechen. Er machte eine Pause und sein Blick fiel auf das Bild seiner kleinen Familie. Kim und Ashley waren gleich nach dem Gottesdienst gegangen, um Ashley ein Kleid für ihr Schulorchester zu kaufen, und hatten das anschließende Treffen und das feierliche Versprechen verpasst. Wie würde sie reagieren, wenn sein Verhalten ihn den Job kostete? Einen Moment später schrieb er mit ernstem Gesichtsausdruck weiter.

3. Wenn es tatsächlich nicht möglich wäre, Kanal 5 mit der Maxime »Was würde Jesus tun?« Gewinn bringend zu führen, und das Unternehmen wegen seines persönlichen Einsatzes Geld verlöre, würde er anbieten, seinen Zweijahresvertrag vorzeitig zu kündigen und als Vorstandschef und Geschäftsführer zurückzutreten.

Ted atmete tief durch. Wenn Keith Walton mit seiner düsteren Prognose Recht behielt, würde nur Ted darunter zu leiden haben.

## 4

Es war früh am Morgen, die Luft war feucht und kalt und der Himmel bedeckt, als Alex Powell entschlossenen Schrittes über das

Angestelltenparkdeck des Flughafens »Vickers Field« ging. Nachdem er den Fahrstuhl erreicht hatte, drückte er den Anforderungsknopf, glättete seinen sportlichen Mantel und rückte seine Krawatte zurecht, während er wartete. Der ungemütliche Morgen erinnerte ihn daran, dass dies der Anfang eines langen und schwierigen Tages sein würde.

Powell, ein breitschulteriger Mann Ende fünfzig, war verantwortlich für den Flugbetrieb in Vickers Field. Er betrat den Fahrstuhl, drückte auf die Zwei und hörte, wie die Mechanik knarrte und ihn ächzend nach oben beförderte. Dem Regionalflughafen, der vor fast vierzig Jahren gebaut worden war, merkte man sein Alter deutlich an.

Genauso wie mir, dachte Alex mit Bedauern und rieb sich eine seiner grau gewordenen Schläfen, als er an den Tag dachte, der vor ihm lag. Solange wir uns nicht endlich entschließen, was wir gegen das Lärmproblem im Gebäude draußen an der Rollbahn machen, werde ich nichts tun, außer in Konferenzräumen zu sitzen.

Immer noch in Gedanken betrat Alex Powell die zweite Etage und winkte zu Maggie hinüber, einer jungen Frau, die zur Putzkolonne gehörte. Sie winkte schüchtern zurück und wandte sich dann wieder der Reinigung des Trinkbrunnens zu.

Nachdem er den Verwaltungstrakt des Flughafens betreten hatte, holte sich Alex noch eine Tasse Kaffee und machte sich anschließend auf den Weg in sein eigenes, ziemlich kleines Büro. Vickers Field war zwar deutlich größer als viele andere Regionalflughäfen, aber immer noch bescheidenen Ausmaßes, verglichen mit dem internationalen Flughafen O'Hare in Chicago, der mit der Zubringermaschine nicht mal eine Flugstunde entfernt war. Aber die Vorteile, was die Arbeit betraf – weniger Bürokratie und mehr Möglichkeiten, die Dinge zu beeinflussen –, entschädigten hier reichlich für den Platzmangel im Büro.

Alex Powell ließ sich auf seinen Schreibtischsessel fallen, hielt in der einen Hand den Kaffeebecher und nahm sich mit der anderen den Tagesbericht: zwei eng bedruckte Seiten detaillierte Wetterinformationen, Wartungs- oder Sicherheitsprobleme und eine Mängelliste der Routinekontrolle. Als er die Seiten überflog, war er erleichtert, als er sah, dass kein »139er« – schwer wiegendes Problem, das sofort gelöst werden muss – passiert war, seit er gestern Abend das Gelände verlassen hatte.

Die aufgeführten Probleme waren nicht gravierend: (1) Beleuchtungsausfall über dem Hangar von Grey Aero Tech; (2) Uhren im Hauptabfertigungsgebäude noch nicht auf Sommerzeit umgestellt. Chuck Finley, der für Gebäude und Anlagen verantwortliche Kollege von Alex Powell, hatte wahrscheinlich längst jemanden losgeschickt, um diese Dinge in Ordnung zu bringen.

Der Diplomingenieur Finley war zuständig für die Unterhaltung der Flughafengebäude, die Reparaturen und das Wachpersonal, Alex Powell hingegen für die übergeordneten Abläufe: Routinekontrollen, Sicherheit, Rettungsdienste und Vorfeldbusse. Manchmal kam es allerdings zu Überschneidungen ihrer Kompetenzen, und das konnte zwischen den beiden zu Spannungen führen. Zu Alex Powells Aufgaben gehörten häufige Routinekontrollen auf dem gesamten Flughafengelände, bei denen er anstehende Reparaturen oder Wartungsmängel, wie Taxizufahrten voller Schlaglöcher oder bröckelnden Putz, auf seiner Liste vermerkte. Sein für Gebäude und Anlagen verantwortlicher Kollege nahm die akribischen Berichte oft persönlich.

»Müssen Sie an jeder winzigen Kleinigkeit herummäkeln?«, fragte Chuck Finley häufig. »Wollen Sie mir irgendetwas anhängen?« Er ließ sich kaum dadurch besänftigen, dass Alex Powell ihm versicherte, er tue nur seine Arbeit.

Bevor Alex Powell nun damit anfing, die Liste mit den Lärmschutz- und Sicherheitsfragen durchzuarbeiten, die mit der Geschäftsführung des Flughafens besprochen werden mussten, machte er wie an fast jedem Morgen eine kurze Pause, um seinen Tag Gott anzuvertrauen. Das hatte er sich vor Jahren zur Gewohnheit gemacht, als er die schwierige Zeit der Alkoholentwöhnung durchlebt hatte. Eindringlicher als jede Predigt hatte diese Erfahrung ihm gezeigt, wie man sich im Alltag auf Gottes Gegenwart verlassen kann. Er wurde damit belohnt, dass seine Ehe während dieser schmerzhaften Monate nicht zerbrach.

Trotz dieses ernsthaften Glaubens hatte Michael Maxwells provozierender Vorschlag auch Alex betroffen gemacht. Er fragte sich, ob es sein konnte, dass er in bequeme christliche Gewohnheiten verfallen war, die ihm den Blick für die Nöte der Menschen in seiner Umgebung verstellten. Lebte er wirklich so, wie Jesus es an seiner Stelle täte? »Öffne mir die Augen«, betete er nun einfach, »und zeig mir, wie ich heute deinem Beispiel folgen kann.«

Der Morgen war schnell vorbei. Alex Powell und Chuck Finley trafen sich kurz, um über einige der üblichen Wartungsarbeiten zu sprechen, und entschlossen sich dann, eine richtige Mittagspause zu machen. Auf dem Flughafen gab es ein erstaunlich gutes italienisches Selbstbedienungsrestaurant, das »Ciccio«. Als Alex Powell in der Warteschlange des Buffets stand, sah er, wie Maggie und eine ältere Frau aus der Putzkolonne sich an einen Tisch setzten. Während er noch zu ihnen herübersah, begannen sie, ihre mitgebrachten Sandwiches auszupacken. Beinahe im selben Augenblick stürzte der Restaurantleiter an ihren Tisch. Seine kräftige Stimme war in der anderen Ecke des kleinen Raumes noch gut zu hören.

»Es tut mir Leid«, sagte er kühl, »aber Sie dürfen hier keine Speisen mitbringen. Sie müssen damit in den Aufenthaltsraum für Mitarbeiter gehen.«

Maggie sah peinlich berührt aus, aber sie verteidigte sich tapfer. »Aber wir haben hier Getränke gekauft, und ich habe einen Salat genommen. Lieber verzichte ich auf das Mittagessen, als in dem Aufenthaltsraum zu essen. Da ist es so dunkel und schmuddelig, dass mir der Appetit vergeht.«

Der Mann schaute sie herablassend an. »Dann machen Sie doch einfach sauber. Sind Sie dafür nicht Expertin?«

Maggie fing an, ihre Brote wieder einzupacken und ihrer Freundin dabei zu helfen, dasselbe zu tun. Sie zuckte zusammen, als Alex Powell auf einmal neben ihr stand.

»Setzen Sie sich«, sagte er mit fester Stimme zu Maggie und wandte sich dann dem Restaurantleiter zu. »Diese beiden Damen sind heute Mittag meine Gäste.«

Chuck Finley, der unmittelbar hinter ihm stand, beobachtete mit kaum verhohlenem Entsetzen, was geschah. Was dachte sich Alex dabei, zwei Putzfrauen zu ihnen an den Tisch einzuladen?

Alex Powell setzte sich und nahm Chuck Finleys Missbilligung amüsiert und schadenfroh zur Kenntnis. »Sie müssen sich nicht zu uns setzen«, sagte er trocken. »Ich sehe Roger da hinten in der Schlange; er wird sicher gleich nach einem Tisch suchen.«

»Ehrlich gesagt, wollte ich ohnehin etwas mit ihm besprechen und jetzt wäre wirklich die beste Gelegenheit. Sie haben doch nichts dagegen?«

»Überhaupt nichts. Wir sehen uns, Chuck.«

Alex beobachtete, wie sein Kollege sich an einen anderen Tisch rettete, wandte sich dann Maggie und ihrer Freundin zu und lächelte die beiden aufmunternd an. Die Erschöpfung, die ihnen ins Gesicht geschrieben stand, war für ihn die beste Bestätigung, das Richtige getan zu haben. Es kam ihm vor, als flüstere eine leise, ruhige Stimme ihm zu: »Du hast in meinem Namen gehandelt. Gut so, mein treuer Diener.«

Am Nachmittag, bevor er nach Hause fuhr, machte Alex Powell einen ungewöhnlichen Umweg durch das Gebäude, um sich den Aufenthaltsraum im Untergeschoss anzusehen. Als er langsam eintrat, sah er das sich lösende Linoleum, die schmutzigen und völlig kahlen grünen Wände und die von Wasserflecken verunstalteten Deckenplatten. Die Tischbeine aus Metall waren verrostet und die Sitzbezüge aus Vinyl alt und aufgeplatzt. Auf dem einzigen »Luxusgegenstand« in dem Raum, einem verloren wirkenden Sodawasserbereiter, klebte ein Schild mit der Aufschrift »Defekt«. Gedankenverloren blieb er einige Minuten dort stehen. Nach und nach nahm in seinem Kopf eine aufregende Idee Gestalt an.

# 5

Es war Sonntagmorgen, und die Kirche war wieder gut gefüllt. Die Atmosphäre war aufgeladen, eine gespannte Erwartung lag in der Luft, als der Zeitpunkt für den Beginn des Gottesdienstes näher rückte. Selbst die Musikgruppe schien es zu spüren – sie spielten die Lieder ohne extravagante Begleitung, so dass der Text besonders gut zur Geltung kam.

Ted und Kim Newton unterhielten sich leise, als Patricia West hereinkam und sich im Kirchenraum umsah. Als sie den Chef des Fernsehsenders sah, den sie bei dem Treffen nach dem letzten Sonntagsgottesdienst gesehen hatte, lächelte sie und gab ihm die Hand.

»Wie war Ihre Woche?«, fragte sie ihn und Kim, die sie noch freundlicher anlächelte. »Bei mir waren die letzten sieben Tage wirklich ziemlich eigenartig.«

Ted schüttelte ihre Hand und stellte ihr dann Kim vor. »Ich weiß, was Sie damit sagen wollen«, sagte er aufgeregt. »Ich hatte am Montagmorgen das Gefühl, in einem völlig fremden Land aufgewacht zu sein, wo ich selbst über die kleinsten Entscheidungen völlig neu nachdenken musste. Aber es ist komisch; ich habe mich in den letzten Jahren nie so gut, so wenig unter Stress gefühlt. Wenn ich Jesus nachfolge, muss er sich die Sorgen um die Zukunft machen, und das ist gut zu wissen.«

Kims einzige Reaktion auf die Worte ihres Mannes war ein kurzer missmutiger Blick in seine Richtung. Nach vierzehn Jahren Ehe glaubte sie, Ted gut zu kennen. Er war immer extrovertiert und impulsiv gewesen, ein wie besessen Arbeitender, der nie zufrieden war, solange er nicht mit mehreren Projekten gleichzeitig beschäftigt war. Im Urlaub hatte er fast immer schlechte Laune und konnte es nicht abwarten, wieder bei seinem Fernsehsender zu sein.

Seit einer Woche verhielt er sich jedoch – man konnte es nicht anders sagen – komisch. Er sprach immer wieder von dem »Versprechen«, das er abgelegt habe, und versuchte sie zu überzeugen, diese Woche gemeinsam mit ihm nach dem Gottesdienst länger dazubleiben, um etwas darüber zu erfahren. Sie hatten gerade darüber diskutiert, oder besser gesagt gestritten, als die Ärztin sie unterbrach. Kim bemühte sich ihn zu verstehen, aber sie war zutiefst beunruhigt. Was war, wenn diese neue Idee Teds Arbeitsplatz bei Kanal 5 gefährdete?

Am anderen Ende des Gottesdienstraumes sprachen auch Jenny Paige, Alex Powell und seine Frau Cheryl über ihre Erfahrungen. Jenny, die ihr silbergraues Haar zu einem eleganten Knoten gebunden hatte, saß vorne in einer der ersten Bänke neben den Powells. Roger saß auch bei ihnen, schien aber mehr daran interessiert, die versammelte Gemeinde nach potenziellen Geschäftspartnern abzusuchen, als an dem Gespräch seiner Mutter teilzunehmen.

Die Powells wirkten beide munter und so offensichtlich freudig erregt über irgendetwas, dass Jenny schließlich ironisch fragte: »Was geht hier vor, ohne dass ich Bescheid weiß?«

Alex lachte. »Es ist wahrscheinlich gar nicht besonders aufregend, aber es sieht so aus, als ob eine Idee, die ich letzte Woche hatte, funktionieren würde.« Er redete weiter und erkärte, worum es ging. »Ich habe eben mit Michael gesprochen und er ist damit einverstanden, zweimal in der Woche nach Vickers Field zu kommen und morgens vor Arbeitsbeginn im Aufenthaltsraum für die Angestellten eine Andacht abzuhalten. Ich habe mit dem Geschäftsführer des Flughafens schon alles geklärt und ihn auch überredet, dass der Aufenthaltsraum renoviert wird, damit sich die Arbeiter in einer einladenden Umgebung erholen können.«

Jenny sah skeptisch aus. »Glauben Sie wirklich, dass irgendjemand zu einer Andacht kommen wird?«

»Bis jetzt haben schon acht Leute gesagt, dass sie kommen und auch noch andere mitbringen wollen.«

Cheryl lächelte. »Alex hat schon lange nicht mehr so begeistert von seiner Arbeit erzählt. Ich glaube, wenn ich ihn lassen würde, wäre er heute draußen in Vickers Field!«

Alex lächelte nur als Antwort, denn in diesem Augenblick

begann der Gottesdienst. Nach dem Eröffnungsgebet und einigen Liedern trat Michael Maxwell auf die Kanzel und legte seine Bibel zurecht, begann aber nicht sofort mit der Predigt. Stattdessen ließ er den Blick über die Gemeinde schweifen und wurde plötzlich von einem tiefen Gefühl für seine Schützlinge ergriffen, ganz so, wie es ein guter Hirt für seine Herde empfindet.

»Heute«, begann er, »steht meine Predigt unter der Überschrift ›Der Weckruf Gottes‹. Für einige von Ihnen wird sie nur bestätigen, was Sie in der vergangenen Woche erlebt haben. Manch anderem wird sie vielleicht zu überspitzt oder sogar aufdringlich erscheinen. Ich kann Ihnen dazu nur sagen, dass ich im Einklang mit dem feierlichen Versprechen der letzten Woche der ehrlichen Überzeugung bin, dass Jesus an meiner Stelle genauso predigen würde.«

Die Predigt, die dann folgte, unterschied sich drastisch von dem, was die Gemeinde von ihrem Pastor gewohnt war. Statt mit geschliffenen Sätzen dem Intellekt seiner Zuhörer zu schmeicheln oder eine geschickt aufgebaute »Wohlfühlpredigt« zu halten, setzte er Gottes Wort ein, um systematisch mit allen geistreichen Ausreden aufzuräumen, die es für ein Leben gibt, das von Gier, Habsucht oder selbstsüchtigem Ehrgeiz bestimmt wird.

»Jesus war als ein Freund der Sünder bekannt«, sagte er. »Er hatte Erbarmen mit Dieben, Ehebrechern und sogar mit Mördern und vergab ihnen. Seine härteste Kritik galt den so genannten frommen Menschen: selbstgerechten Kirchgängern, die sich ihre eigenen Maßstäbe schufen, die oft großzügig für gute Zwecke spendeten, aber für die Armen und Hilflosen vor ihrer eigenen Haustür kein offenes Ohr hatten. Er kannte einen treffenden Ausdruck für diese Menschen. Er nannte sie ›Heuchler‹.«

Nur wenige der Zuhörer schienen sich gleich der Tragweite seiner Worte bewusst zu sein. Einigen stand die Empörung ins Gesicht geschrieben. Wen beschuldigte Pfarrer Maxwell der Heuchelei? Etwa dieselben Leute, die Woche für Woche für sein Gehalt sorgten? Manche warfen sich bedeutungsvolle Blicke zu, als überlegten sie bereits, wie sie nach dem Gottesdienst ihrem Unmut Ausdruck verleihen könnten.

In anderen Gesichtern jedoch sah man ein ernsthaftes Nachdenken. Wie der junge Mann, der Jesus fragte: »Was muss ich tun, damit ich gerettet werde?«, schienen sie darauf zu warten, dass jemand ihnen sagte, was sie tun sollten, um sich mit Recht »Christen« nennen zu dürfen.

Michael fuhr fort: »Im Markusevangelium, Kapitel 8, Vers 34-38, hat Jesus gesagt:

›Wer mir nachfolgen will, der verleugne sich selbst und nehme sein Kreuz auf sich und folge mir nach. Denn wer sein Leben erhalten will, der wird's verlieren; und wer sein Leben verliert um meinetwillen und um des Evangeliums willen, der wird's erhalten.

Denn was hülfe es dem Menschen, wenn er die ganze Welt gewönne und nähme an seiner Seele Schaden? Denn was kann der Mensch geben, womit er seine Seele auslöse?

Wer sich aber meiner und meiner Worte schämt unter diesem abtrünnigen und sündigen Geschlecht, dessen wird sich auch der Menschensohn schämen, wenn er kommen wird in der Herrlichkeit seines Vaters mit den heiligen Engeln.‹

Ich glaube, die Zeit ist reif, dass wir uns einigen sehr schwierigen Fragen stellen. In diesen Zeiten, wo sich jeder selbst der Nächste ist und die meisten von uns nicht bereit sind, auf irgendeinen Luxus zu verzichten oder sich einen Wunsch nicht zu erfüllen, stellt sich die Frage, wo wir uns auf der ganz praktischen Ebene jemals selbst verleugnet haben. Welches Kreuz haben wir Jesus zuliebe getragen? Welches Leiden haben wir geduldig ertragen?« Michael ließ den Blick über die versammelte Gemeinde schweifen und konnte Alex Powells leichtes Nicken und Cliff Brights nachdenklichen Gesichtsausdruck flüchtig wahrnehmen. Im Kirchenraum herrschte völlige Stille. Bitte, Herr, betete Michael, lass diese Predigt ihre Herzen erreichen.

»Gottes Weckruf kann für einige von uns bedeuten, auf einen teuren Urlaub oder ein neues Auto zu verzichten und – genau wie er – den Bedürftigen etwas zu geben; für andere kann es heißen, ihren gesellschaftlichen Rang aufs Spiel zu setzen, um Korruption und Unmoral anzuprangern. Das ›Kreuz‹, das Sie tragen sollen, sieht wahrscheinlich anders aus als meines oder das Ihres Nachbarn.

Aber das Entscheidende ist, wenn Sie Christ sind, sind Sie von Gott berufen, sich auf ein unglaubliches Wagnis einzulassen, ein ›Leben in Fülle‹, in dem es sowohl Freude als auch Opfer gibt. Wie viele sind bereit, dieser Berufung zu folgen? Wie viele würden lieber bequem weiterschlafen und sich von der Welt, die um uns herum stirbt, nicht berühren lassen?«

Seine eindringlichen Worte standen noch lange, nachdem sie verhallt waren, im Raum. Man konnte spüren, dass sie nicht ohne Wirkung geblieben waren.

Zum Abschluss des Gottesdienstes erhob sich Rachel Wingate von ihrem Platz, um zu singen. Ihre Stimme erklang voll und melodiös in einem getragenen Choral, aber dieses Mal war etwas anders. Sie hatte keinen »Auftritt«, sie sang einfach und ehrlich zu Gottes Lob. Die Zuhörer spürten die Wandlung intuitiv, ohne sie ganz zu begreifen.

Michael bat diejenigen, die in der vergangenen Woche nach dem Gottesdienst geblieben waren, sich noch einmal kurz im Vortragssaal zu treffen, und lud alle, die ebenfalls das Versprechen ablegen wollten, ein dazuzukommen. Nachdem er mit einigen Besuchern gesprochen hatte, machte er sich schnell auf den Weg zurück zum Vortragssaal. Ohne sich weiter darüber Gedanken zu machen bemerkte er, dass einige langjährige Gemeindemitglieder, unter ihnen Martha Robinson, die Schatzmeisterin der Gemeinde, in der Vorhalle eine kleine Gruppe der Unzufriedenen gebildet hatten. Einige von ihnen blickten schnell in eine andere Richtung, als sie merkten, dass er sie ansah.

Dieses Mal war die Gruppe, die in den Vortragssaal gekommen war, fast doppelt so groß wie beim letzten Mal. Michael ging zwischen den Leuten hindurch und begrüßte besonders die Neuen leise und freundlich. Er sah, dass Kim Newton ihren Mann diesmal begleitet hatte, wenn sie sich auch nicht besonders wohl zu fühlen schien. Ganz hinten stand Cliff Bright, aber seine Frau war nicht zu sehen. Der untersetzte Einzelhändler sah ebenso unglücklich wie entschlossen aus.

Michael schlängelte sich bis zu ihm durch und begrüßte ihn mit einem herzlichen Händedruck. »Ich freue mich, dich zu sehen«, sagte er leise. »Deine Frau wollte nicht kommen?«

Cliff schüttelte den Kopf. »Sie wollte auch nicht, dass ich komme. Ich wäre schon letzte Woche hier gewesen, aber –« Sein rundliches Gesicht sah traurig aus und Michael musste an die Worte Jesu denken: »Ich bin nicht gekommen, Frieden zu bringen, sondern das Schwert ... Und des Menschen Feinde werden seine eigenen Hausgenossen sein. Wer Vater oder Mutter mehr liebt als mich, der ist meiner nicht wert; und wer Sohn oder Tochter mehr liebt als mich, der ist meiner nicht wert. Und wer nicht sein Kreuz auf sich nimmt und folgt mir nach, der ist meiner nicht wert.«

Wie beim letzten Treffen begann Michael auch diesmal mit einem Gebet. Anschließend sprach man zwanglos miteinander, stellte Fragen und verglich Erfahrungen. Alex Powell erzählte allen von seiner neuen Idee mit der Andacht für Mitarbeiter, die es demnächst auf dem Flughafen geben würde. »Ich glaube, Jesus an meiner Stelle würde sich Gedanken über die Mitarbeiter machen, sowohl in geistlicher als auch in materieller Hinsicht. Es wird ihnen leichter fallen zu glauben, dass Gott etwas an ihnen liegt, wenn sie sehen, dass mir etwas an ihnen liegt.«

Terri Bannister nickte. »Ich fände es gut, wenn mehr Christen so denken würden. Mein Chef geht jeden Sonntag in die Kirche und redet die ganze Zeit über Gott, aber er gibt mir oft Aufgaben in der Mittagspause und erwartet, dass ich unbezahlte Überstunden mache. Wenn ich etwas sage, tut er überrascht, aber ändern tut sich nie etwas. Wüsste ich nicht, dass es auch andere Christen gibt, hätte ich durch ihn jetzt bestimmt ein ziemlich schlechtes Bild von Gott.« Viele stimmten ihr zu.

Dann berichtete Ted Newton, dass er sich geweigert hatte, eine weitere Jahresstaffel der Talkshow »Lexa« einzukaufen. »Ich habe mir eine Liste der ›Lexa‹-Sendungen des vergangenen Jahres angesehen und mir ist fast schlecht geworden. Sie hat über Themen gesprochen wie ›Meine Tochter und ich teilen uns denselben Freund‹ oder ›Ich habe meine Frau umgebracht und bin nicht bestraft worden‹. ›Lexa‹ ist eine unserer beliebtesten Sendungen im Tagesprogramm, aber ich kann sie nicht länger verantworten. Wir werden sie durch eine neuartige Talkshow mit Zuschauerbeteiligung ersetzen, bei der es eine wechselnde Runde von Kinderpsychologen, Eheberatern, Drogenexperten und so weiter geben wird. Sie werden Anrufe entgegennehmen, Fragen beantworten und den Leuten mit Hilfe einer Computerliste kostenloser Beratungsdienste sagen, wo sie vor Ort Hilfe bekommen können.«

»Wie, glauben Sie, wird die Mehrheit der Zuschauer auf die Änderung reagieren?«, fragte Jason Clark.

»Zunächst wahrscheinlich genauso wie der Vorstandsvorsitzende unserer Muttergesellschaft«, sagte Ted mit einem gequälten Lächeln. »Er hielt mich für verrückt. Aber nachdem ich ihm mit ein paar demoskopischen Studien gezeigt hatte, wer unsere Zuschauer sind, und mit Umfrageergebnissen zeigen konnte, dass sie mehr ›familiengerechte‹ Sendungen wünschen, war er schließlich damit einverstanden, es zu versuchen. Wenn es allerdings schief geht –« Ted legte die Stirn ein wenig in Falten und zuckte mit den Schultern. »Er geht mir zuliebe ein hohes Risiko ein.«

Einige andere sprachen noch über die Erfahrungen, die sie zu Hause oder am Arbeitsplatz gemacht hatten, und ernteten Unterstützung und ermutigende Worte von den anderen. Als die Versammlung schließlich nach einem stillen Gebet aufgelöst wurde, schienen viele überhaupt nicht gehen zu wollen.

Am Abend blieben Michael und Sharon lange auf und sprachen über das, was sie an diesem Tag gesehen und gehört hatten. Nach dem Abendgottesdienst hatte sich Sharon fast eine Stunde lang mit Jenny Paige unterhalten.

»Ich hatte bisher nie die Gelegenheit, sie richtig kennen zu lernen«, erzählte sie Michael, »aber sie meint es wirklich ernst mit diesem Versprechen. Wusstest du, dass sie diejenige ist, die gerade in der Innenstadt das alte Jeffers-Gebäude gekauft hat?«

»Nein, aber es überrascht mich nicht. Die Hälfte aller Gewerbeflächen in der Südstadt von Ashton gehören ihr und ihrem Sohn.«

Sharon sah nachdenklich aus. »Sie sagte, es falle ihr ganz schön schwer zu entscheiden, was Jesus an ihrer Stelle tun würde. Er hatte nie viel Geld oder Grundbesitz, deshalb gibt ihr die Bibel kein direktes Beispiel, dem sie folgen könnte. Sie bittet uns, bei unseren Gebeten an sie zu denken.« Sharon zögerte. »Sie möchte auch, dass wir für Roger beten. Er ist zu keinem der beiden Treffen gekommen, oder?«

»Nein, und ich denke auch nicht, dass er das vorhat. Ehrlich gesagt glaube ich, er geht nur aus Gewohnheit zur Kirche oder vielleicht, um geschäftliche Kontakte zu knüpfen. Man sagt ihm nach, dass er ein ziemlich wildes Leben führt. Er ist wohl der typische Fall des Kindes, das zu früh zu viel bekommen hat. Ich will nicht hoffen, dass er sich auf irgendwelche Drogen einlässt.« Nachdenklich fügte er hinzu: »Ich frage mich, ob die Dinge wohl anders lägen, wenn sein Vater nicht so früh gestorben wäre. Mit vierzehn ist es hart, wenn man plötzlich ohne Vater dasteht.«

Wie jeden Abend in der vergangenen Woche hielten die Maxwells Fürbitte für Jenny, Roger und die anderen. Zum ersten Mal seit Jahren fühlten sie sich richtig verbunden mit dem alltäglichen Leben, den Freuden und Sorgen ihrer Gemeinde-»Familie«.

# 6

Cliff Bright saß unruhig auf einem der Barhocker in der Küche seines eleganten Hauses im Norden von Ashton, trank Kaffee und tat so, als lese er die Morgenzeitung. Der kleine Farbfernseher, der auf der Anrichte unterhalb der Küchenschränke aus poliertem Eichenholz stand, zeigte die Nachrichten auf Kanal 5. Es war noch nicht halb neun an diesem Montagmorgen, und schon hatte es auf der Schnellstraße einen Unfall gegeben, in den drei Autos verwickelt waren, und bei einem Schusswechsel in einer Wohnung in der Südstadt waren zwei Menschen ums Leben gekommen.

Elizabeth kam herein und stellte ihre Kaffeetasse mit Nachdruck neben das Spülbecken. Als Cliff zusammenzuckte, drehte sie sich ruckartig zu ihm um.

»So, du machst also trotzdem weiter?«, fuhr sie ihn an. Durch ihre Brillengläser sah man, wie sie ihre Augen zusammengekniffen hatte. »Du willst meine Gefühle, was dieses alberne Versprechen angeht, tatsächlich ignorieren und dich diesen religiösen Fanatikern anschließen? Das darf nicht wahr sein. Das darf einfach nicht wahr sein!«

»Liz, es ist alles ganz anders«, widersprach er. »Ich habe dir doch erklärt, was es damit auf sich hat. Die Leute dort sind alle ganz vernünftig. Sogar Jenny Paige macht mit, und die ist nun wirklich keine religiöse Fanatikerin. Es ist einfach nur – einfach nur etwas, von dem ich das Gefühl habe, dass ich es tun soll.«

Als sie nicht reagierte, fügte Cliff mit einer für ihn ungewöhnlichen Entschlossenheit hinzu: »Es tut mir Leid, dass es dich so aufregt. Aber ich habe das Versprechen bereits gegeben und werde jetzt keinen Rückzieher machen.«

Für die meisten, die nicht allzu genau hinsahen, schienen die Brights ein Leben wie im Bilderbuch zu führen. Sie hatten bald nach der Schule geheiratet, als Cliff ein gut aussehender, unbeschwerter Rechnungsprüfer und Elizabeth eine allseits beliebte, immer gut gelaunte Schönheitskönigin war. Elizabeths Vater, dem im Südwesten eine erfolgreiche Verbrauchermarktkette gehörte, hatte Cliff zur Hochzeit ein kleines Lebensmittelgeschäft an einer Straßenecke in Ashton geschenkt und ihm so zur Selbstständigkeit verholfen.

»Wenn du hart genug arbeitest, machst du aus diesem einen Geschäft eine ganze Kette«, hatte er seinem jungen Schwiegersohn gesagt. »Genauso habe ich auch angefangen, und sieh dir an, wo ich heute bin!« Elizabeth war begeistert gewesen.

Weder Vater noch Tochter war aufgefallen, dass Cliff nicht im Geringsten daran interessiert war, eine Verbrauchermarktkette zu besitzen. So etwas passte überhaupt nicht zu einem Menschen, der die Bequemlichkeit über alles liebte. Aber was blieb ihm schon anderes übrig? Er bedankte sich bei seinem Schwiegervater und stieg in den Lebensmitteleinzelhandel ein.

Inzwischen, Jahre später, hatte sein Erfolg alle Erwartungen übertroffen. Mit dem ersten Geschäft als Basis hatte Cliff eine Kette von achtzehn florierenden »Mr B«-Supermärkten aufgebaut. Er war ein reicher und viel beschäftigter Mann, und wenn er sich jemals voller Bedauern an seinen ersten Traum von einem eigenen kleinen Wirtschaftsprüfungsbüro erinnerte, so behielt er es für sich.

»Also, was hast du vor?«, fragte Elizabeth sarkastisch. »Willst du Jesusbilder in allen unseren Filialen aufhängen? Das wird den Umsatz bestimmt enorm steigern!«

»Nein«, sagte Cliff bedächtig. »Ich weiß noch nicht, was ich tun werde. Ich brauche etwas Zeit, um darüber nachzudenken.« Elizabeth verließ wortlos die Küche, während Cliff allein und deprimiert zurückblieb und seine Zeitung anstarrte.

Ich frage mich, ob alles anders gekommen wäre, wenn wir Kinder hätten haben können, dachte er zum hunderttausendsten Mal. Vielleicht wäre Liz nicht so verbittert und ehrgeizig. Sie hat sich so sehr ein Kind gewünscht.

*

Fünf Kilometer entfernt hantierten Ted und Kim Newton in ihrer hell tapezierten Küche und machten sich bereit, aus dem Haus zu gehen. Kim arbeitete an drei Vormittagen in der Woche bei Juwelier Holden im Einkaufszentrum am Ashton Square, wo sie Schmuck begutachtete, reinigte und reparierte. Ihr Chef hatte sie am Nachmittag zuvor angerufen, um ihr zu sagen, dass schon zwei Ringe und ein kaputtes Armband auf sie warteten.

Sie spülte gerade ihre Kaffeetasse aus, als Ted sie auf einmal von hinten in den Arm nahm und sich über ihre Schulter vorbeugte, um sie einmal kurz zu küssen. Sie lachte und brachte ihr Haar wieder in Ordnung.

»Wofür war das?«

»Dafür, dass du so eine nette kleine Frau bist«, sagte Ted scherzhaft und duckte sich, als sie ihm spielerisch einen Klaps gab. »Nein, wirklich, ich bin einfach nur froh, mit dir verheiratet zu sein. Ich bin völlig glücklich.«

Kim musste lachen. »Also, ich weiß zwar immer noch nicht, was ich von diesem Versprechen in der Kirche halten soll, aber ich muss zugeben, dass das Leben mit dir in der letzten Zeit noch angenehmer geworden ist.«

Ted grinste. »Wenn das so ist, wie wäre es dann, wenn wir uns heute zum Mittagessen treffen würden. Das haben wir schon ewig nicht getan.«

»Klingt gut. Also bis heute Mittag?«

*

In einem bescheidenen Backsteinhaus im Vorort Ashlake hatte Terri Bannister gerade ihre Kinder zur Bushaltestelle losgeschickt, von wo der Schulbus sie abholen würde. Wie so oft am frühen Morgen war Ray so unter Zeitdruck gewesen, dass er kaum ein Wort mit ihr und den Kindern gesprochen hatte, bevor er aus dem Haus ging. Es war fast so, als interessiere es ihn nicht mehr, dass er eine Familie hatte.

Jetzt, wo sie nur noch eine Viertelstunde Zeit hatte, bis sie sich auf den Weg zur Arbeit machen musste, setzte sie sich an den Küchentisch und neigte ihren Kopf nach vorn.

»Vater«, sagte sie leise, »bitte führe mich heute auf deinen Wegen. Und bitte, Herr, hilf Ray, dass er dich auch kennen lernt.«

*

In einer geschmackvoll eingerichteten Wohnung etwas abseits des Universitätsgeländes stand Rachel Wingate gerade auf und blinzelte in das grelle Sonnenlicht, das durch das Fenster in ihr Schlafzimmer fiel. Die Semesterferien waren vorbei, und so war es höchste Zeit, sich wieder auf die Bücher zu stürzen. Ihr erstes Seminar fing um zehn Uhr an. Gähnend band sie ihre eigenwilligen Locken mit einem Haargummi zusammen, während sie in die Küche ging um das Teewasser aufzusetzen. Während sie wartete, kramte sie nach einer CD. Sie mochte es, wenn der Morgen mit Musik begann.

Ein paar Minuten später, als sie in kleinen Schlucken ihren heißen Tee trank, fragte sie sich wieder einmal, wie es Hallie Collier wohl gehen mochte. Es war schon merkwürdig, dass das Kind innerhalb von nur fünf Tagen ein so wichtiger Teil ihres Lebens geworden war. Die Wohnung kam ihr leer vor, seit das kleine Mädchen mit seinen Großeltern nach Arizona aufgebrochen war.

Rachel zuckte zusammen, als das Wandtelefon unmittelbar neben ihr klingelte. Die Teetasse noch immer in der Hand, nahm sie den Hörer ab.

Es war Jason. »Hallo, meine Schöne«, sagte er. »Was machst du gerade?«

Rachel wurde sich bewusst, dass sie aus ihren Gedanken heraus fast erwartet hatte, es seien die Andersons, Hallies Großeltern. Ungerechterweise fand sie Jasons sanfte Stimme auf einmal unangenehm.

»Aufwachen«, sagte sie kurz angebunden. »Hör zu, Jason, ich habe heute Morgen Seminar und ich bin ein bisschen spät dran. Kann ich dich später zurückrufen?«

»Klar. Ich erzähl dir dann alles.«

Nachdenklich legte Rachel auf. Ihre Gefühle verwirrten sie ein wenig. Sie war nun schon seit mehr als einem Jahr mit Jason zusammen, und in letzter Zeit hatten sie ernsthaft begonnen übers Heiraten zu sprechen. Sie liebten beide die Musik, und es war gar keine Frage, dass einer den anderen attraktiv fand. Alle sagten, sie seien wie füreinander geschaffen. Also wo ist das Problem?, fragte sich Rachel. Na gut, er war nicht gerade begeistert darüber, dass ich Hallie zu mir nehmen wollte, aber das ist doch kein Grund sich so zu fühlen, wie ich es jetzt tue, oder? Was mich allerdings wirklich gestört hat, waren seine bissigen Kommentare über die sozialen Verhältnisse, aus denen die Kleine kommt.

Immer noch in Gedanken zog sie sich an und ging ins Badezimmer, um sich die Zähne zu putzen. In dem Moment fiel ihr Blick auf den gelben Haftnotizzettel, den sie am Abend zuvor an den Spiegel geklebt hatte: Was würde Jesus tun? Vielleicht ist es das, dachte Rachel. Jason hat mit mir zusammen das Versprechen abgelegt, aber es scheint ihm nicht annähernd so wichtig zu sein wie mir.

*

Cheryl Powell schaute aus dem Küchenfenster und bestaunte die frischen grünen Blätter an dem hoch aufragenden Ahornbaum in ihrem Garten. Sie liebte das Haus, für das sie und Alex lange gespart hatten und das auf zwei Hektar Land zwischen wunderschönen alten Bäumen stand.

Nachdem Alex zur Arbeit gegangen war, hatte sie noch ein bisschen Zeit zur Ruhe und Entspannung gehabt, bevor ihre Tochter die kleine Cara vorbeigebracht hatte. Sie passte jeden Tag auf ihre einjährige Enkelin auf, während ihre Tochter vormittags als Pflegehelferin arbeitete.

Jetzt, wo die Kleine zufrieden auf dem Wohnzimmerboden mit Bauklötzchen spielte, setzte sich Cheryl bequem auf das Sofa und öffnete ihre Bibel. Sie las ein paar Minuten und senkte dann den Kopf. Bitte sei heute mit deinem Geist bei mir, betete sie. Und zeige Alex, wie er auf dem Flughafen dein Zeuge sein kann.

*

In ihrer schmucken Villa in Harmony Creek nahm sich Jenny Paige einen Moment Zeit für ein Gebet, bevor sie sich auf den Weg in ihr Büro machte ... Daniel Marshall saß in seinem Arbeitszimmer an der Universität über seinen Büchern und betete um Führung für diesen Tag ... Dr. West, die sich auf eine frühe Operation vorbereitete, vertraute im Stillen sich selbst und ihre Patienten dem großen Arzt an ... Über die ganze Stadt verteilt und auf unterschiedliche Weise bereiteten sich diejenigen, die an dem feierlichen Versprechen der Baptistengemeinde teilgenommen hatten, auf einen neuen Tag und eine neue Woche vor, in der sie voll Vertrauen den Fußstapfen Jesu folgen wollten.

# 7

Michael Maxwell erhob sich aus seiner knienden Haltung und ging dann langsam ans Fenster. Es war strahlendes Wetter, der Himmel war wolkenlos.

In der Ferne begann ein Flugzeug seinen Landeanflug auf Vickers Field. Michael sah, wie es funkelte, als es sich im großen Bogen auf die Erde zubewegte und dabei von den morgendlichen Sonnenstrahlen getroffen wurde. Er musste an Alex Powell denken. Ich weiß immer noch nicht, was ich morgen früh bei der Andacht da draußen sagen soll, dachte er. Ich wünschte, ich wüsste mehr über die Probleme der Menschen dort.

Er verbrachte einen großen Teil des Morgens im Gebet über diesem und vielen anderen Anliegen. Sein Weg war in so vieler Hinsicht undeutlich. Er brauchte einen konkreten Plan, eine ganz klare Linie für die Seelsorge in seiner Gemeinde.

Mit plötzlicher Entschlossenheit ging er zurück an seinen Schreibtisch, schaltete den Computer ein und tippte in großer Schrift: »Dinge, die Jesus als Pfarrer der Baptistengemeinde in Ashton wahrscheinlich tun würde«. Zuerst hatte er so viele widersprüchliche Gedanken, dass es ihm schwer fiel, einen klaren Kopf zu bekommen. Dann aber fing er an:

1. Er würde furchtlos gegen Heuchelei predigen, auch wenn es einflussreiche Leute in seiner Gemeinde provozierte.

2. Er würde sich ohne zu zögern mit allen möglichen Menschen anfreunden und dabei weder an sein Bild in der Öffentlichkeit denken, noch sich ihnen in irgendeiner Weise überlegen fühlen.

3. Er würde dafür sorgen, dass die gesamte Öffentlichkeitsarbeit der Gemeinde zur Ehre Gottes geschieht und nicht zu der von Menschen oder Institutionen.

Michael hielt inne und wurde sich bewusst, wie sehr er zögerte weiterzumachen. Schon die drei ersten Punkte bedeuteten für ihn persönlich einige ziemlich radikale Veränderungen. Aber während er gebetet hatte, war er mehr und mehr zu der Überzeugung gelangt, dass er sich selbst einige kritische Fragen stellen und mit den Antworten leben musste.

Er fuhr fort:

4. Er würde ein Leben ohne überflüssigen Luxus führen, aber auch ohne übertriebene Selbstbeschränkung.

5. Er würde unermüdlich daran arbeiten, diejenigen, die in Drogen, Alkoholmissbrauch und andere Fallen dieser Welt verstrickt sind, zu erreichen und ihnen zu helfen.

6. Er würde den Sommerurlaub in Italien streichen und das Geld für etwas weniger Übertriebenes ausgeben.

Er war so sehr in Gedanken, dass er Sharon zunächst gar nicht hörte, als sie sagte: »Michael? Hier ist jemand, der dich sprechen möchte.«

Hinter ihr stand ein sehr modisch gekleideter junger Mann, der ihm irgendwie bekannt vorkam. Michael gab ihm die Hand und bot ihm einen Platz an. »Ich möchte Ihre Zeit nicht zu lange beanspruchen, Reverend«, sagte der Mann, »aber mein Geschäftspartner und ich hatten von der Musikgruppe Ihrer Gemeinde gehört und am Sonntag waren wir da, um sie uns selbst einmal anzuhören. Es war einfach unglaublich gut!«

Überrascht, dass Michael nicht darauf einging, fuhr er fort: »Wie auch immer, ich bin hier, weil unsere Firma, VC Productions, nach einer Sängerin sucht für eine Nebenrolle in einem Film, den wir zur Zeit in Chicago drehen. Ihre Sängerin – Rachel Wingate, richtig? – scheint uns geradezu perfekt zu sein.«

»Um was für eine Art Film geht es denn?«, fragte Michael ruhig.

»Oh, es ist eine spannende Sache, ein Psychothriller über einen jungen Mann mit einer gespaltenen Persönlichkeit. Wenn sie das mit dem Vorsprechen gut macht, würden wir Rachel die Rolle seiner Freundin, einer Nachtclubsängerin, geben. Dieser Typ bringt am Ende seine beiden Eltern um, und sie bringt er beinahe auch um.«

Michael wand sich innerlich. »Schauen Sie, ich kann Rachel Wingate Ihre Karte geben, aber ich weiß nicht, ob sie interessiert sein wird. Wenn sie mit Ihnen sprechen möchte, wird sie einfach direkt bei Ihnen anrufen, einverstanden?«

»Ja klar, sehr gut. Aber in jedem Fall muss sie sich bis nächste Woche bei mir melden. Es geht um sehr viel Geld, und es gibt viele andere Frauen, die alles tun würden, um diese Rolle zu bekommen.«

Nachdem der Mann weg war, starrte Michael Maxwell mit leerem Blick auf die Visitenkarte in seiner Hand und schloss die Augen. Während er mit Gott sprach, legte er Fürbitte für Rachel ein, denn er wusste, dass die junge Sängerin bald eine schwierige Entscheidung würde treffen müssen, die leicht ihr gesamtes zukünftiges Leben verändern konnte.

*

Es war ein verregneter Donnerstagmorgen in der Innenstadt von Ashton. Cliff Bright saß in seinem Büro im sechsten Stock des Hochhauskomplexes Ashton Towers und sah die Berichte über die Umsätze des Vortags in seinen Geschäften durch. Er machte sich hier und da ein paar Notizen und legte sie dann zur Seite.

Als ein Mensch, der über alles sehr genau nachdachte, hatte Cliff Bright die letzten drei Tage damit verbracht, sich zu überlegen, wie er sein feierliches Versprechen in die Praxis umsetzen konnte. Es musste schließlich Konsequenzen haben, wenn er sich fragte: »Was würde Jesus tun?« Obwohl es noch manche Unklarheiten für ihn gab, war er sich über eines schnell klar geworden – die Schmuddelhefte mussten aus seinen Läden verschwinden.

Er drückte auf den Knopf der Sprechanlage, die ihn mit seiner Sekretärin verband. »Rebecca? Können Sie bitte mal reinkommen?«

Nachdem er ein Memo diktiert hatte, dass mit sofortiger Wirkung alle pornographischen Magazine aus den Verkaufsregalen entfernt werden sollten, wandte er sich wieder dem Studium seiner Umsatzstatistiken zu.

Die meisten Geschäfte florierten, aber es gab auch ein paar ernsthafte Probleme. In Filiale Nr. 16 zeigte sich ein kontinuierlicher Schwund des Warenbestandes, der höchstwahrscheinlich entweder auf Ladendiebstahl oder auf Unterschlagung durch das Personal zurückzuführen war. Leider war dieses Problem nur allzu verbreitet. Ich werde Detektive einsetzen, dachte er. Wenn wir das Problem nicht in den Griff bekommen, werde ich einen neuen Filialleiter einstellen.

Ein anderer Laden, der Probleme machte, war die Nr. 12. Cliff Bright fiel auf, dass die Umsätze während der letzten sechs Wochen um über 25 Prozent zurückgegangen waren. Die Buchhaltung hatte auch noch eine Notiz angeheftet, die besagte, dass eine Reihe von Kunden sich telefonisch beschwert hätten, von der Filialleiterin, Connie Garza, angeschnauzt worden zu sein.

Cliff runzelte die Stirn. Connie war immer eine seiner besten

Kräfte gewesen: intelligent, freundlich und bei den Kunden beliebt. Das klang so gar nicht nach ihr. Er machte sich eine Notiz, ihr am Nachmittag einen Besuch abzustatten.

*

Beim Fernsehsender WFBB hatte Ted Newton es mit einem ganz anderen Problem zu tun. Auf der anderen Seite seines Schreibtisches saßen zwei korrekt gekleidete Vertreter der Firma Adray Brothers, eines führenden Anbieters vorproduzierter Fernsehbeiträge. Sie verhandelten hart, um ihn zum Kauf eines Pakets von drei Sendungen zu animieren.

Einer der Vertreter setzte eine ernste Miene auf und lehnte sich auf seinem Stuhl nach vorn. »Ich will Ihnen hier wirklich einen Gefallen tun, Mister Newton. Wir haben für dieses Paket schon ein sehr interessantes Angebot von einem anderen Sender, aber ich würde es gerne sehen, wenn Sie den Zuschlag bekämen. Was meinen Sie?«

Ted musterte ihn einen Augenblick und antwortete dann mit stahlharter Stimme: »Ich habe Ihnen bereits gesagt, dass ich die Wissenschaftssendung für Kinder und ›Filmkritik‹ sehr gerne nehmen würde, aber ›Exposé‹ möchte ich ganz bestimmt nicht. Sie wissen genauso gut wie ich, dass es gesetzlich verboten ist, Sendungen zu Paketen zusammenzuschnüren.«

Der Vertreter sah beleidigt aus. »Schauen Sie, Mister Newton, so ist nun einmal das Geschäft, und es ist ohnehin ein offenes Geheimnis, dass die besten Sendungen nur im Paket erhältlich sind.«

Ted ging nicht sofort darauf ein. Das stimmte natürlich, und in der Vergangenheit hatte er schon oft Pakete gekauft, um zu bekommen, was er wollte. Aber jetzt ...

Mit einem Mal stand er auf und sah die verblüfften Männer an.

»Hiermit ist unser Gespräch dann wohl zu Ende, meine Herren. Ich werde mich an unmoralischen Geschäftspraktiken nicht beteiligen, und wenn Sie auf andere Weise nicht mit mir ins Geschäft kommen wollen, werden Sie diesem Sender überhaupt nichts mehr verkaufen. Darf ich Sie zur Tür begleiten?«

Auf dem Weg zurück in sein Büro fragte sich Ted besorgt, welche Auswirkungen der Wegfall von ›Filmkritik‹ und ›Einsteins Kids‹ auf Kanal 5 haben würde. Er würde für einige ziemlich umkämpfte Sendezeiten schnell Ersatz finden müssen.

Aber ich habe das einzig Richtige getan, dachte er. Mit geheimen Absprachen einverstanden zu sein würde mich genauso belasten wie sie.

Durch ein Klopfen an der Tür wurde er in seinen Gedanken unterbrochen. Keith Walton kam mit einem breiten Grinsen ins Büro.

»Haben Sie schon das Neueste über die gestrige Ausgabe von ›Kinder in Not‹ gehört?«, fragte er.

»Nein. Was ist passiert?«

»Gerade vor ein paar Minuten haben wir einen Anruf von einer Frau vom Jugendamt bekommen. Sie erinnern sich an die fünf Kinder, über die wir berichtet haben? Seit die Sendung ausgestrahlt wurde, hat die Behörde über zwanzig Anrufe von Familien bekommen, die bereit sind, diese Kinder zu adoptieren! Sie hat gefragt, ob wir uns nicht vorstellen könnten, jede Woche eine Ausgabe von ›Kinder in Not‹ zu senden, damit einige der anderen Kinder auch noch ein Zuhause finden.«

Die Neuigkeiten machten Teds gedrückter Stimmung sofort ein Ende. »Das ist ja phantastisch!«, rief er aus. »Was halten Sie von der Idee, Keith?«

Der Programmdirektor lächelte verlegen. »Ich weiß, ich habe Ihnen deswegen letzte Woche ganz schön zugesetzt, aber je länger ich darüber nachdenke, desto mehr komme ich zu der Überzeugung, dass Sie Recht hatten. Ich glaube, wir sollten eine wöchentliche Sendung ausprobieren, zumindest als Experiment.«

Keith machte eine Pause. »Ach ja, noch etwas, Ted –«, sagte er. »Sie sollten wissen, dass ich wirklich darüber nachgedacht habe, was Sie über Ihr Versprechen und das alles gesagt haben.

Ich respektiere Ihre neue Einstellung.« Die beiden Männer gaben sich lächelnd die Hand und waren sich bewusst, dass sie von nun an etwas miteinander verband.

*

Trotz des grauen Nieselregens, der beständig auf Vickers Field niederging, hatte Alex Powell einen großartigen Tag. Sechzehn Mitarbeiter waren an diesem Morgen zur Andacht mit Pastor Maxwell im Aufenthaltsraum erschienen. Es hatte ihn ein wenig überrascht, wie schnell die zumeist schwarzen Arbeiter den gut situierten weißen Geistlichen akzeptiert hatten, aber dessen großes Bemühen, mehr über die Probleme dieser Menschen zu erfahren, schien ihm den Weg zu ebnen und es ihm zu ermöglichen, das Evangelium zu verkünden.

Und der Aufenthaltsraum sah phantastisch aus. Die düsteren grünen Wände waren in einem freundlichen Gelb gestrichen und die fleckigen Deckenplatten ausgetauscht worden. Neue Tische und Stühle standen auf einem glänzenden neuen Linoleumboden, und gerahmte Fotografien von Flugzeugveteranen zierten die Wände. Der eine kaputte Sodawasserbereiter war durch vier Snackautomaten ersetzt worden, zudem gab es noch eine Kaffeemaschine, einen kleinen Kühlschrank und einen Mikrowellenherd.

Alex war gerade vom Mittagessen zurückgekommen. Er saß in seinem Büro und ging an seinem Computer die neueste Liste mit den anstehenden Erledigungen durch, als Corey Snyder, einer der fünf Mitarbeiter der Flugbetriebsleitung, höflich an die offene Tür klopfte. Er war am Morgen auch bei der Andacht gewesen.

»Alex?«, sagte er. »Kann ich Sie eine Minute sprechen?«

Alex Powell wandte sich auf seinem Drehstuhl vom Computer ab und winkte Corey Snyder herein. Dieser rückte einen einfachen Stuhl näher an den Schreibtisch und setzte sich.

»Sie haben heute Morgen gesagt, wenn irgendjemand eine Idee hat, wie sich die Arbeitsbedingungen hier verbessern lassen, soll er es Ihnen sagen. Ich habe im Aufenthaltsraum zusammen mit ein paar von unseren Elektrikern zu Mittag gegessen, und die Jungs hatten einige gute Vorschläge. Haben Sie Zeit, sich die anzuhören?«

»Ich nehme mir nur noch etwas zu schreiben.« Er kramte einen Notizblock aus einem unordentlichen Papierstapel auf seinem Schreibtisch hervor, holte einen Kugelschreiber aus seiner Schublade und sagte dann: »Okay, schießen Sie los!«

»Zunächst einmal, den Aufenthaltsraum zu renovieren war eine tolle Idee. Als ich da unten war, saßen schätzungsweise fünfzehn oder zwanzig Leute beim Essen, und die halten Sie alle für einen Helden.« Corey Snyder grinste. »Die haben überlegt, ob man ein Bild von Ihnen an einem Ehrenplatz über der Mikrowelle aufhängen soll.«

Alex fühlte sich geschmeichelt und lachte ein bisschen verlegen. »Dann würde ihnen allen der Appetit vergehen. Ich glaube, wir bleiben besser bei Flugzeugen.«

Corey Snyder lächelte. »Wie dem auch sei, einige von den älteren Leuten haben zur Sprache gebracht, dass sie gerne lernen würden, mit den Computern in ihrer Abteilung umzugehen, damit sie nicht immer auf die jüngeren Mitarbeiter angewiesen sind. Sie würden gerne wissen, ob es vielleicht möglich wäre, eine Art hausinterne Schulung zu organisieren.«

Alex Powell war beeindruckt. »Ich wüsste nicht, was dagegen spräche. Ich glaube sogar, dass das eine großartige Idee ist und ihnen diese Kenntnisse auch bei anderen Tätigkeiten zugute kämen. Ich werde sehen, was sich machen lässt.« Er notierte etwas auf seinem Block.

»Einige andere haben erwähnt, dass ein mit ihrem vergleichbarer Arbeitsplatz in der Stadt sowohl mit mehr Verantwortung verbunden wäre als auch mehr Geld brächte. Sie wüssten gerne, ob ihre Arbeitsgebiete irgendwann neu definiert werden könnten, so dass sie an den Abläufen hier auf dem Flughafen stärker persönlich beteiligt wären. Einige von denen arbeiten schon seit vielen

Jahren hier und haben das Gefühl, sie könnten sinnvoller eingesetzt und gerechter bezahlt werden.«

Alex Powell nickte langsam. »Das klingt vernünftig. Wissen Sie, ich frage mich gerade – Was würden Sie von einer Art zwanglosem Gedankenaustausch halten – sagen wir, einmal im Monat –, wo die Mitarbeiter über solche Ideen direkt mit der Geschäftsleitung sprechen könnten?«

»Ich glaube, das wäre sinnvoll. Es gibt hier eine Menge guter Leute, die gerne das Gefühl hätten, dass sie etwas bewegen können. Die Zufriedenheit mit ihrem Arbeitsplatz würde mit Sicherheit steigen, wenn sie wüssten, dass ihnen jemand ernsthaft zuhört.«

»Das ist nur allzu verständlich. Danke, dass Sie so viel Zeit darauf verwendet haben, Corey. Ich werde sehen, was sich da im Einzelnen machen lässt.«

Nachdem der Mitarbeiter der Flugbetriebsleitung gegangen war, sah Alex sich noch einmal genau an, was er auf seinen Notizblock geschrieben hatte. Das Versprechen, das er abgelegt hatte, zeigte bereits Wirkungen auf einen sich ständig ausweitenden Kreis von Menschen, die ihm zum Teil bis vor kurzem nicht einmal mit Namen bekannt waren. Sich das klarzumachen erfüllte ihn sowohl mit Dankbarkeit als auch mit gespannter Erwartung.

*

Ziemlich umständlich befreite Cliff Bright seine Leibesfülle aus der Enge hinter dem Lenkrad seines teuren Wagens, der jetzt vor Geschäft Nr. 12 geparkt war. Durch die gläserne Front des Geschäftes konnte er erkennen, wie Connie Garza einen Kunden bediente, es war ein stämmiger Mann in Bauarbeiterkleidung.

Als Cliff die Tür öffnete, erklang ein elektronisches Klingelgeräusch. Connie Garza blickte auf und machte große Augen, als sie sah, dass es »Mr B« persönlich war.

Er versuchte, ihr mit einem freundlichen Lächeln das Unbehagen zu nehmen, aber die Anspannung in ihrem Gesicht ließ sich kaum übersehen. Was war geschehen, dass das Gesicht der temperamentvollen jungen Filialleiterin so sehr von Angst gezeichnet war?

»Ich bin einmal vorbeigekommen, um bei Ihnen nach dem Rechten zu sehen, Connie«, sagte Cliff Bright entspannt. »Wie sieht es denn so aus?«

»Alles klar, glaube ich, Mister Bright«, erwiderte sie mit einem leichten spanischen Akzent. Als sie sich einem weiteren Kunden zuwandte, um ihn zu bedienen, schaute Cliff Bright sie sich von der Seite genau an. Obwohl sie ihr dichtes dunkles Haar adrett zu einem Pferdeschwanz gebunden hatte, waren auf der Bluse ihrer Firmenuniform einige Flecken. Einer der Knöpfe fehlte und war plump durch eine Sicherheitsnadel ersetzt worden. Ihr Namensschild hing schief.

Auch das Geschäft befand sich kaum in einem tadellosen Zustand. Der Boden musste dringend geputzt werden, und viele der Verkaufsregale waren schlecht bestückt und unordentlich einsortiert. Auf den Glastüren der Schränke für Tiefkühlkost sah man lauter Fingerabdrücke.

Als das Geschäft wieder leer war, sagte Cliff mit sanfter Stimme: »Connie, ich glaube, wir müssen uns mal unterhalten.«

Zu seinem Entsetzen schossen ihr sofort Tränen in die Augen. Sie ließ sich auf den hohen Hocker hinter der Verkaufstheke sinken und verbarg mit beiden Händen ihr Gesicht. Cliff sah hilflos mit an, wie ihre Schultern von Schluchzern zuckten.

Im selben Moment ertönte die Türklingel und kündigte das Eintreten eines weiteren Kunden an. Cliff stellte sich rasch hinter die Verkaufstheke und sagte zu der völlig erschütterten Filialleiterin: »Connie, gehen Sie ruhig nach hinten und ruhen Sie sich ein paar Minuten aus. Ich behalte den Laden im Auge.«

Als sich das Geschäft das nächste Mal geleert hatte, schrieb Cliff Bright mit der Hand ein Schild, dass der Laden für eine Stunde geschlossen sei, und befestigte es mit Klebeband an der Eingangstür. Dann ging er nach hinten in den Bereich für die Angestellten, wo Connie Garza auf ihn wartete.

Sie blickte auf. »Es tut mir Leid, Mister Bright«, sagte sie verzweifelt. »Normalerweise benehme ich mich nicht so; ganz bestimmt nicht. Es ist nur –«

Cliff machte mit beiden Händen eine beschwichtigende Geste. »Das ist schon in Ordnung. Lassen Sie uns einfach ein paar Minuten miteinander reden, einverstanden?«

Seit dem Moment, als er gesehen hatte, in welchem Zustand sich der Laden befand, war Cliff Bright klar gewesen, dass die logische Konsequenz wäre, Connie Garza durch jemand anderen zu ersetzen. Obwohl es zu den für ihn unangenehmsten Aufgaben gehörte, Filialleiter auf die Straße zu setzen, war es hin und wieder nötig. Normalerweise zögerte er auch nicht damit.

Aber jetzt sah er Connie an und wollte nicht überstürzt handeln. Zum einen lag das an ihren Leistungen in der Vergangenheit, zum anderen war eigenartigerweise Brenda Collier der Grund. Nach ihrem Tod hatte er sich diskret erkundigt, ob der Verbrauchermarkt, der sie hinausgeworfen hatte, als sie krank geworden war, einer von seinen gewesen war. Es stellte sich heraus, dass es nicht so war – aber es hätte gut so sein können.

»Ist irgendetwas in Ihrer Familie nicht in Ordnung, Connie?«, fragte er. »Sie sind so ganz anders, als ich Sie kenne.«

Sie wich seinem Blick aus. »Ja, das stimmt«, sagte sie. »Vor vier Monaten bekam mein Mann immer wieder schwere Hustenanfälle. Er raucht, seit er vierzehn ist, und hat immer viel gehustet, aber als er anfing, Blut herauszuhusten, ist er zum Arzt gegangen. Man hat eine Röntgenaufnahme von seinem Brustkorb gemacht – er hat Lungenkrebs.«

Cliff nickte verständnisvoll, sagte aber nichts.

Sie erzählte weiter: »Vor drei Wochen ist er zur Behandlung ins Krankenhaus gegangen, und man hat ihm einen Teil seiner Lunge entfernt. Seitdem macht er eine Chemotherapie, aber wir wissen nicht, wie sehr ihm das hilft. Er kann nicht arbeiten, und er fühlt sich die ganze Zeit schlecht. Allein die Selbstbeteiligung unserer Versicherung hat unsere gesamten Ersparnisse aufgebraucht.«

Nun endlich schaute sie Cliff Bright in die Augen. »Ich weiß, dass ich hier einiges vernachlässigt habe«, sagte sie, und in ihren Augen sah er die stumme Bitte um Verständnis. »Ich werde mir Mühe geben, es besser zu machen. Ganz bestimmt. Ich – Ich weiß nicht, was ich machen soll, wenn ich ausgerechnet jetzt auch noch meinen Job verliere.«

Cliff Bright beruhigte sie schnell. »Sie werden Ihren Job nicht verlieren, Connie. Sie sind lange eine gute Filialleiterin gewesen, und ich weiß, Sie werden das alles durchstehen. Was kann ich tun, um Ihnen zu helfen?«

Völlig unerwartet brach die junge Filialleiterin erneut in Tränen aus. »Ich weiß gar nicht, was ich sagen soll«, schluchzte sie erleichtert. »Ich bin im Moment so erschöpft und reizbar, und ich habe fast nicht die Energie, morgens aufzustehen, geschweige denn die Regale einzuräumen. Ich weiß, dass mein Umsatz gesunken ist.«

»Würde es Ihnen helfen, wenn ich Ihnen für eine gewisse Zeit einen weiteren Angestellten überlasse, der Ihnen hilft, hier alles wieder in Ordnung zu bringen?«

»Ja, ich glaube schon. Könnten Sie das machen?«

Cliff Bright lächelte. »Ich bin der Chef, wie Sie wissen. Ich kann machen, was ich will.« Seine Worte ließen die niedergeschlagene Filialleiterin ein klein wenig lächeln.

Bevor er ging, telefonierte Cliff Bright und sorgte dafür, dass ein Angestellter aus einem der anderen Läden in die Nr. 12 wechselte. Er lud Connie auch ein, am nächsten Sonntag in die Kirche zu kommen. »Sie brauchen Menschen um sich herum, die sich um Sie und Ihren Mann kümmern«, sagte er zu ihr. »Es kann sehr viel verändern, wenn Sie wissen, dass Sie nicht mit allem alleine fertig werden müssen.« Sie sagte, sie werde versuchen zu kommen.

Cliff summte eine Melodie, als er zurück in sein Büro fuhr. Vielleicht, dachte er, ist es doch nicht das Schlechteste, eine Kette von Verbrauchermärkten leiten zu müssen.

# 8

Rachel Wingate starrte Pfarrer Maxwell ungläubig an. Als sie kurz zuvor die Nachricht erhalten hatte, sie solle einmal bei ihm im Gemeindebüro vorbeikommen, hatte sie geglaubt, es ginge um eine Änderung im Musikprogramm für den kommenden Sonntag. Stattdessen erzählte Michael ihr von dem Angebot der Firma VC Productions.

»Du meinst, die wollen mir tatsächlich eine Rolle geben, in der ich auch singen würde?«, fragte sie aufgeregt. »Das wäre einfach zu schön, um wahr zu sein!«

Michael Maxwell gab ihr die Visitenkarte des Mannes, blickte sie an und sagte nüchtern: »Er wird dir am Telefon alles über den Film und die Rolle erklären. Aber was hältst du davon, wenn wir Gott gemeinsam darum bitten, dass er dir Weisheit für die richtige Entscheidung gibt?« Rachel nickte und so brachten sie ihr Anliegen vor Gott.

Als sie wieder zu Hause war, wählte Rachel die Nummer von VC Productions und wurde sofort mit Mark Downs, einem der Produzenten, verbunden. Er erzählte ihr schnell alles über den Film »Heimliche Wut« und ihre Rolle als Nachtclubsängerin.

»Das ist eine große Rolle für jemanden, der noch keinen Namen hat«, sagte er, »aber mein Partner und ich haben Sie in der Kirche singen hören und wir glauben, dass Sie wie geschaffen für diesen Part sind. Können Sie am Montagmorgen zur Leseprobe in unser Chicagoer Büro kommen?«

»Das würde ich sehr gerne«, sagte Rachel, »aber ich möchte Ihnen erst noch ein paar Fragen stellen. Müsste ich in dieser Rolle –«

Sie machte eine Pause, gab sich einen Ruck und sprach dann weiter, obwohl es ihr unangenehm war: »Müsste ich ordinäre Ausdrücke benutzen oder in irgendwelchen – irgendwelchen kompromittierenden Szenen mitspielen?«

Mark Downs lachte. »Schätzchen, ich bitte dich! Verdammt noch mal, du wirst eine *Nachtclubsängerin* sein. Natürlich spricht die nicht wie ein Mädchen aus dem Kirchenchor. Und es wird eine Liebesszene geben. Aber du musst dich nicht ausziehen oder so. Wenn du willst, kannst du einen fleischfarbenen Body tragen. Den Rest kriegen wir mit der Kameraeinstellung hin.«

Rachel sagte einen Moment lang gar nichts. »Ich würde mir das gerne noch einmal in Ruhe überlegen. Kann ich Sie am Montag noch einmal anrufen?«

Mark Downs klang jetzt etwas gereizt, aber er stimmte zu: »Klar, Schätzchen, klar. Aber du bist hoffentlich vernünftig genug, dir nicht durch irgendwelche moralischen Prinzipien die Chance deines Lebens zu verbauen. Bis demnächst.«

Rachel hörte ein Klicken, und die Verbindung war unterbrochen. Sie biss sich auf die Unterlippe und legte langsam den Hörer auf. Einen Augenblick lang dachte sie noch nach, dann griff sie erneut zum Telefon und rief Jason an.

Wenige Minuten später klingelte es an der Tür. Wie immer machte Jasons Erscheinung, seine athletische Figur und sein markantes Gesicht, großen Eindruck auf Rachel. Er nahm sie kurz in den Arm und sie setzten sich an den Tisch in Rachels kleiner Küche.

Dann erklärte Rachel ihm, welches Angebot VC Productions ihr gemacht hatte. Sie erzählte ihm alles, auch, um wie viel Geld es ging und wozu sie für ihre Rolle bereit sein musste. Dann schaute sie in sein Gesicht.

»Was würdest du mir raten, Jason? Es ist eine großartige Chance, aber ich bin mir immer noch nicht sicher, besonders im Hinblick auf das Versprechen, das ich gegeben habe. Ich meine, die Rolle ist nicht *so* schlecht und wird mir vielleicht tatsächlich noch andere Angebote einbringen, bei denen ich dann wählerischer sein könnte, aber trotzdem –«

Doch Jason war völlig aus dem Häuschen und ließ ihre Bedenken nicht gelten. »Hör mal, du kannst von deiner ersten Rolle nicht erwarten, dass sie genau deinen Vorstellungen entspricht. Aber wer weiß, wie es später aussieht? Du könntest eine Menge Gutes tun, wenn du einmal in diesem Geschäft etabliert bist. Vielleicht ist es das, was Gott mit dir vorhat.«

Seine beruhigenden Worte und die Bestätigung, die er ihr gab, vertrieben langsam die Sorgenfalten von Rachels Stirn. »Vielleicht hast du Recht«, sagte sie, und mit einem Mal leuchteten ihre Augen. »Kannst du dir das überhaupt vorstellen, Jason? Ich werde *Filmstar!* «

Später aber, nachdem er weg war, ging Rachel ins Badezimmer und sah dort den kleinen gelben Zettel, der am Spiegel klebte: Was würde Jesus tun?

Diese einfachen Worte stürzten sie wieder in eine ganze Flut von Zweifeln, die sie nervös machten. Sie war hin- und hergerissen. Wütend riss sie den Notizzettel ab und zerknüllte ihn in ihrer Hand – dann stand sie wie versteinert da und starrte auf ihr Spiegelbild. Langsam traten ihr Tränen in die Augen.

Was mache ich da?, dachte sie. Sorgfältig strich sie den Zettel wieder glatt, klebte ihn an den Spiegel zurück, ging dann ins Schlafzimmer und warf sich auf ihr Bett.

Vater, betete sie, du weißt, wie gerne ich in einem Film mitspielen würde. Aber wenn du willst, dass ich dieses Angebot ablehne, werde ich es tun.

*

Etwa zur selben Zeit ging Alex Powell mit einer Tasse Kaffee in sein Büro zurück und hoffte, ein wenig Papierkram erledigen zu können. Er hatte gerade die Kaffeetasse neben dem Computer abgestellt, als das Telefon klingelte.

»Alex?«, sagte Chuck Finley. »Haben Sie eine Minute Zeit, um über Jet-Rep zu sprechen?« Jet-Rep war ein Wartungs- und Reparaturunternehmen für Flugzeuge, das gerade in Vickers Field eine neue, große Niederlassung errichtete.

»Natürlich. Was gibt es für ein Problem?«

»Ein Problem nicht direkt. Wir müssen uns nur beeilen. Wann, glauben Sie, bekommen wir die Genehmigung des Aufsichtsrats für das benötigte Sicherheitssystem?«

Alex grinste den Telefonhörer an. »Sie wissen, wie schnell die sich bewegen, Chuck. Das kann in den nächsten zwei Tagen sein, es kann aber genauso gut erst in drei Wochen passieren. Ist es dringend?«

Es gab eine kurze Pause. »Nun ja«, sagte Chuck Finley, und Alex konnte förmlich sehen, wie sein Gesprächspartner die Achseln zuckte, »wie Sie wissen, ist die Erweiterung der Startbahn bereits im Bau, und nächste Woche wird das neue Gebäude so weit sein, dass wir das Sicherheitssystem installieren können. Wir können uns bei diesem Projekt keine Verzögerungen erlauben.«

Überrascht legte Alex die Stirn in Falten. »Wie kann das denn sein, dass alles schon so weit fertig ist? Wir haben den Vertrag mit Jet-Rep doch erst vor drei Monaten unterschrieben.«

Es folgte eine weitere, viel sagende Pause. Als Jet-Rep vor vier Monaten auf den Flughafen zugekommen war und auf dem Gelände eine neue Niederlassung errichten wollte, hatte dies einiges Aufsehen erregt. Ein Leasingvertrag mit diesem Wartungsunternehmen würde nicht nur dem Flughafen nutzen, sondern auch in der Umgebung fast fünfhundert neue Arbeitsplätze schaffen.

Es gab nur ein großes Problem: Die Start- und Landebahnen in Vickers Field reichten nicht aus für die größeren Frachtflugzeuge, die Jet-Rep wartete und inspizierte. Obwohl der Standort ideal war, hatte Jet-Rep noch zwei weitere Regionalflughäfen in Betracht gezogen.

»Alex«, sagte Chuck Finley schließlich. »Die einzige Möglichkeit, Jet-Rep zu dem Leasingvertrag zu bewegen, war, zu versprechen, dass wir mit dem Gebäude *und* der Verlängerung der Startbahn innerhalb eines halben Jahres fertig sein würden.«

Alex war verblüfft. »Wie konnten Sie ihnen das versprechen? Machmal braucht der Aufsichtsrat schon so lange, um einen Vertrag überhaupt zu *genehmigen!* «

»Wir haben den Aufsichtsrat nicht gefragt.« Chuck Finley atmete tief durch. »Schauen Sie, ich weiß, dass Ihnen das nicht gefällt, aber auf dem normalen Weg wäre die Sache unmöglich gewesen. Stokes und ich haben mit dem Flughafendirektor gesprochen, und wir haben eine Möglichkeit gefunden, alle offiziellen Hürden zu umgehen. Anstatt es als einen großen Vertrag darzustellen und das übliche Ausschreibungsverfahren zu durchlaufen, haben wir viele kleinere Verträge gemacht, die für sich genommen alle unter der Kostengrenze bleiben. Wir hatten da draußen wochenlang Bauarbeiterkolonnen, die rund um die Uhr gearbeitet haben.«

Alex hielt den Telefonhörer fest umklammert und spürte tief in seinem Bauch einen unangenehmen Druck. »Haben Sie mit irgendeinem Mitglied des Aufsichtsrates darüber gesprochen?«

Chuck Finley lachte. »Soll das ein Witz sein? Die meisten dieser Kameraden sind aus der Politik auf ihre Sessel gekommen und wissen nicht, wo bei Flugzeugen vorne und hinten ist. Es wäre ihnen egal, wenn die Sache Vickers den Leasingvertrag mit Jet-Rep kosten würde. Sie würden darauf bestehen, dass alles wie gewohnt läuft.«

Nun war Alex zum Schweigen verurteilt. Vickers Field wurde von der Stadt Ashton nach strengen Maßstäben beaufsichtigt, und es gab genau festgelegte Verfahren für alle Erweiterungen oder Verbesserungen des Flughafens. Was Chuck Finley ihm gerade beschrieben hatte, lag an der Grenze zur arglistigen Täuschung und war eine bewusste Missachtung der Zuständigkeit des Aufsichtsrates.

Warum musste er mir davon erzählen?, dachte er. Mir wäre lieber, ich wüsste von nichts.

Aber ob er wollte oder nicht, er wusste es – und war jetzt mit einer quälenden Entscheidung konfrontiert. Was sollte er nun mit seinem Wissen anfangen? Und sollte er überhaupt etwas tun?

*

Am nächsten Samstag gab es in der Tageszeitung *Ashton Herald* einen großen Artikel über Ted Newton. Die Mitarbeiterin des Jugendamtes, die bei Kanal 5 angerufen hatte, um von den beeindruckenden Resultaten der Ausstrahlung von »Kinder in Not« zu berichten, hatte auch die Zeitung angerufen, in der Hoffnung, den Sender damit in der Öffentlichkeit unter Druck setzen zu können, damit in Zukunft ähnliche Programme gezeigt würden. Ein Reporter war zum Sender WFBB geschickt worden. Der Artikel begann damit, von den erfreulichen Ergebnissen der Mittwochssendung im Einzelnen zu berichten, und ergänzte dann:

> Nach Angaben eines Mitarbeiters von Kanal 5 geht die Entscheidung, die äußerst beliebte Talkshow »Lexa« zugunsten einer Sonderausgabe von »Kinder in Not« zu verschieben, auf Ted Newton zurück, den Vorstandsvorsitzenden und Geschäftsführer des Senders WFBB. Doch offenbar ist dies nur eine von vielen umstrittenen Entscheidungen, die Newton in der letzen Zeit getroffen hat, darunter auch die, »Lexa« demnächst völlig einzustellen und durch eine »anständigere« Talkshow zu ersetzen, die »Anruf genügt« heißen wird. Es heißt, Newton überlege ebenso, mehrere Werbespots von Bekleidungs- und Parfümherstellern nicht mehr zu senden, wenn sie nicht »sauberer« würden.
>
> Woher der plötzliche Sinneswandel? Newton sagt, er fühle sich »nicht mehr wohl dabei«, Sendungen auszustrahlen, die seiner Meinung nach »in den Familien Schaden anrichten«.
>
> »Ich würde mir wünschen, dass Kanal 5 demnächst in unse-

rer Region den Ruf hat, führend auf dem Gebiet verantwortungsbewusster Programmgestaltung und Berichterstattung zu sein«, so Newton. »Ich sähe es gerne, wenn besorgte Eltern wüssten, dass ihre Kinder bedenkenlos Kanal 5 sehen können, weil sie dort keinen primitiven Sendungen oder Werbespots ausgesetzt werden und keine Filme sehen, die ihren moralischen Werten zuwider laufen.«

Viele werden einwenden, dass Ted Newtons Vorstellungen heutzutage unrealistisch seien, aber nachdem wir die Freude in den Gesichtern der fünf Kinder gesehen haben, die dank Kanal 5 letzte Woche nach langem Hin und Her Adoptiveltern gefunden haben, sind wir da nicht mehr so sicher.

Jetzt gilt es abzuwarten – und die Einschaltquoten im Auge zu behalten.

# 9

Am nächsten Sonntag konnte das Treffen nach dem Gottesdienst nicht mehr im kleinen Saal stattfinden, weil mehr als fünfzig Leute gekommen waren.

Als man sich wieder zurück in den Kirchenraum begab, den man gerade verlassen hatte, schien eine ungewöhnliche Spannung in der Luft zu liegen. Im Schlepptau eines schmollenden Jason Clark unterhielt sich Rachel Wingate angeregt mit Jenny Paige. Eine kleine Gruppe hatte sich um Ted Newton geschart, um mit ihm über den Artikel im *Herald* zu sprechen. Kim stand freudestrahlend neben ihm.

Alex und Cheryl Powell hingegen waren ungewöhnlich schweigsam. Vor dem Gottesdienst an diesem Morgen hatte Alex Michael beiseite genommen und ihn gefragt, ob er ihn nach dem Treffen unter vier Augen sprechen könne. Der Pfarrer war sofort einverstanden gewesen.

Nach der Eröffnung mit einem Gebet fragte Michael, ob irgendjemand den anderen von seinen Erfahrungen berichten wolle. Einige Leute mussten lachen, als Ted sofort aufsprang.

»Tut mir Leid, aber ich kann nicht mehr ruhig sitzen«, sagte er mit einem verlegenen Grinsen. »Die letzte Woche war einfach unglaublich. Ich weiß nicht, wie viele von Ihnen die Sonderausgabe von »Kinder in Not« sehen konnten, die wir vor ein paar Tagen gesendet haben. Jedenfalls ging es um fünf ›schwer vermittelbare‹ Kinder aus der Region, die Adoptivfamilien brauchten. Vielleicht haben Sie es schon im *Ashton Herald* gelesen, aber nach der Sendung hat das Jugendamt Anrufe von mehr als zwanzig Ehepaaren bekommen, die Interesse an einer Adoption haben!

Tatsächlich war es so, dass ich die Ausstrahlung der Sendung beinahe nicht genehmigt hätte. Ohne das Versprechen, das ich hier abgelegt habe, wäre wie üblich ›Lexa‹ gesendet worden – und fünf Kinder wären jetzt immer noch ohne Zuhause.«

Als er sich wieder hingesetzt hatte, kam spontaner Applaus auf – für Ted, aber auch für den Herrn, der ihm so zuverlässig geholfen hatte. Dann stand Jenny Paige auf und kümmerte sich nicht darum, dass Rachel Wingate sie zurückhalten wollte.

»Rachel wird es Ihnen nicht erzählen, deshalb werde ich es an ihrer Stelle tun«, sagte sie munter. »In der vergangenen Woche hat eine Produktionsfirma ihr eine Rolle als Nachtclubsängerin in einem Fernsehfilm angeboten, der gerade in Chicago gedreht wird. Die Rolle hätte eine Menge Geld gebracht, wäre aber auch mit viel Gewalt, mit einer Sexszene und mit ziemlich ordinärer Sprache verbunden gewesen. Rachel war so mutig sich ehrlich zu fragen, was Jesus tun würde, und es dann auch zu tun.«

Jenny lächelte zu der jungen Frau hinunter. »Sie hat das Angebot abgelehnt, und was mich betrifft, bin ich außerordentlich stolz auf sie.«

Leise murmelnd drückten die Versammelten ihre Zustimmung aus.

Ein älterer Herr lehnte sich nach vorn und klopfte sanft auf Rachels Schulter. »Junge Frau«, sagte er leise, »Gott wird Ihnen etwas hundertmal Besseres schenken als das, was Sie aufgegeben haben, warten Sie es nur ab.« Sie lächelte zögernd, und man sah ihr immer noch an, wie schmerzhaft die Entscheidung gewesen war.

Einige waren überrascht, als einen Augenblick später Cliff Bright zu sprechen begann. Obwohl er und seine Frau Elizabeth schon seit mehr als sechs Jahren zur Gemeinde gehörten, kannten nur wenige sie gut. Cliff machte gewöhnlich einen in sich gekehrten und etwas traurigen Eindruck. Aber jetzt strahlte er über sein ganzes rundes Gesicht.

»Ich habe eine interessante Woche erlebt«, sagte er. »Ich habe mich später an diesem Versprechen beteiligt als viele von Ihnen, also fange ich gerade erst an.

Es gibt eine Menge Dinge, die ich bis jetzt noch nicht durchdacht habe, aber ich bin mir schnell darüber klar geworden, dass Jesus – wenn er einen Laden hätte – auf keinen Fall ›Männermagazine‹ anbieten und verkaufen würde. Seit ein paar Tagen sind sie in keinem meiner Geschäfte mehr zu finden.«

Diesmal zögerte niemand, seine Zustimmung auszudrücken. »Sie haben das Richtige getan«, nickte Terri Bannister. »Genau deswegen habe ich es immer gehasst, meine Kinder mit in solche Geschäfte zu nehmen.« Auch von anderen kamen unterstützende und ermutigende Bemerkungen.

Doch Cliff war noch nicht fertig. »So richtig spannend ist aber erst, dass ich heute Morgen die Filialleiterin eines meiner Geschäfte hier in der Kirche gesehen habe. In all den Jahren habe ich mich immer für einen ›christlichen Arbeitgeber‹ gehalten, bin aber nie auf die Idee gekommen, meine Angestellten in die Kirche einzuladen. Dadurch, dass ich dieses Versprechen abgelegt habe, verändert sich meine ganze Einstellung zu ihnen und auch zu meiner Arbeit selbst.«

Es wurde noch von einigen anderen Erlebnissen berichtet. Dann beteten die Anwesenden in kleinen Gruppen, einer für den anderen. Und wieder einmal spürten sie die Gegenwart des Geistes Gottes, die sie zu einer wirklichen Gemeinschaft, ja einer Familie verband.

Als sich die Versammlung schließlich aufgelöst hatte, blieben Alex und Cheryl Powell alleine in dem stillen Kirchenraum zurück. »Kommen Sie nach hinten durch in mein Büro«, sagte Michael zu ihnen. Die drei redeten lange und ernsthaft miteinander und übergaben dann ihre Fragen und ihren inneren Kampf dem, der versprochen hatte, bei ihnen zu sein.

*

Zwei Wochen später gab es auf der ersten Seite des *Ashton Herald* schon wieder einen Artikel über ein Mitglied der Baptistengemeinde.

> ASHTON. Der langjährige Flugbetriebsleiter von Vickers Field, Alex Powell, hat gestern um seine Entlassung gebeten, nachdem er vor dem Aufsichtsrat des Flughafens über unerlaubte Vertragsschlüsse im Zusammenhang mit jüngsten Bauprojekten auf dem Gelände des Flughafens berichtet hatte. Seine Enthüllungen werden die Eröffnung eines offiziellen Untersuchungsverfahrens nach sich ziehen, in dem das Millionenprojekt Jet-Rep auf den Prüfstand kommen wird.
>
> In einer Stellungnahme, die gestern Abend von WFBB/Kanal 5 ausgestrahlt wurde, erklärte ein sichtlich erschütterter Powell, er bedaure es zutiefst, diesen Skandal auf dem Flughafen, für den er fast fünfzehn Jahre lang gearbeitet hat, öffentlich bekannt machen zu müssen, sagte aber, sein Schweigen hätte ihn dafür moralisch genauso verantwortlich gemacht wie diejenigen, die sich an den betrügerischen Praktiken beteiligt hätten. Obwohl seine Kündigung nicht verlangt worden sei, sagte er, er halte dies für das Beste, da er gegen mehrere leitende Mitarbeiter des Flughafens aussagen müsse, unter anderem auch seinen direkten Vorgesetzten, das für den Flugbetrieb zuständige Mitglied des Direktoriums.
>
> Dem neuen Flugbetriebsleiter in Vickers Field, Richard Olds, sagte er seine volle Unterstützung zu.

# 10

Michael und Sharon frühstückten schweigend, ernüchtert von der Meldung in der Zeitung, die von Alex Powells Kündigung berichtete.

»Ich muss ihn heute Abend besuchen«, sagte Michael. »Er hat das wegen unseres Versprechens getan. Vor einigen Wochen schon hat er mir die ganze Situation geschildert, und wir haben gemeinsam um Führung gebetet. Ich vermute, er hat seine Antwort erhalten.«

Besorgt blickte Sharon auf. »In der Zeitung steht, dass das Jet-Rep-Projekt jetzt wahrscheinlich gestorben ist und mehr als fünfhundert Arbeitsplätze, die nach Ashton kommen sollten, nach Norville verlegt werden. Michael, glaubst du wirklich, Jesus hätte das getan?«

Er überlegte. »Ich glaube«, sagte er nachdenklich, »dass er es unter denselben Umständen vielleicht getan hätte. Aber entscheidend ist: Alex glaubt, dass er es getan hätte, und es liegt in seiner Verantwortung, dieser Überzeugung zu folgen.«

Er fügte hinzu: »Es war mit Sicherheit keine leichte Entscheidung für ihn, Sharon. In knapp einem Jahr hätte er die vollen Pensionsansprüche gehabt. Jetzt sieht die Zukunft für ihn und Cheryl ziemlich ungewiss aus. Sie haben ihr neues Haus immer noch nicht ganz abbezahlt, weißt du.«

Obwohl Alex Powells Vorgehen in Ashton als Sensation empfunden wurde, hatten noch andere merkwürdige Ereignisse, die mit Mitgliedern der Baptistengemeinde zu tun hatten, einige Aufmerksamkeit erregt. Die Umstrukturierungen, die Cliff Bright in seinen Geschäften vorgenommen hatte, sorgten für einige wohlwollende Kommentare, genauso wie Ted Newtons ständige Veränderungen bei Kanal 5. In der ganzen Stadt – in den Wohnzimmern, in Geschäften und Vereinen – begann man sich zu fragen: »Was ist bloß mit diesen Christen los?«

Eine auf Anhieb erkennbare Veränderung betraf die Reklametafel der Gemeinde an der Schnellstraße. Kurz nachdem Michael seine Liste der Dinge erstellt hatte, die Jesus als Pfarrer seiner Gemeinde möglicherweise tun würde, hatte er die Diakone zusammengerufen, um über die Öffentlichkeitsarbeit zu sprechen. Viele waren erstaunt über den plötzlichen Sinneswandel des Pastors, erklärten sich aber einverstanden, die Werbebriefe zu verändern und auch die Reklametafel neu zu gestalten. Das Foto von Michael wurde durch das Bild eines grob behauenen hölzernen Kreuzes ersetzt, und auf der Reklametafel stand nun:

*Will mir jemand nachfolgen,*
*der verleugne sich selbst*
*und nehme sein Kreuz auf sich*
*und folge mir.*
Matthäus 16,24

Obwohl viele innerhalb und außerhalb der Gemeinde die Veränderungen begrüßten, gab es ein paar, die das schroffe Bild vom Kreuz geschmacklos fanden. Eine von ihnen war Martha Robinson, die Schatzmeisterin der Gemeinde.

»Ich weiß nicht, was Pastor Maxwell sich dabei denkt«, beschwerte sie sich bei den Mitgliedern des Bauausschusses. »Erst diese Sache mit dem Versprechen, und jetzt den Leuten ein *Kreuz* vor die Nase zu halten – als ob das jemanden motivieren würde, sich unserer Gemeinde anzuschließen! Und ich sage Ihnen noch etwas: Unsere Besucherzahlen *und* unser Spendenaufkommen sind in den vergangenen sechs Wochen kontinuierlich zurückgegangen. Wenn er so weitermacht, wird er diese Gemeinde zu Grunde richten.«

Michael hörte von diesem Gespräch, als ein älterer Mitarbeiter, der auch im Bauausschuss war, zu ihm kam, weil er sich über die zunehmende Spaltung innerhalb der Gemeinde Sorgen machte.

»Herr Pastor, ich gehöre zu dieser Gemeinde seit ihren Anfängen vor fünfunddreißig Jahren, und in dieser Zeit habe ich sechs

Prediger kommen und gehen sehen«, sagte er. »Jedes Mal hat es genauso angefangen, mit kleinen Beschwerden und Nörgeleien. Ich möchte nicht, dass es Ihnen so geht wie all den anderen.«

Michael lächelte. »Ich fürchte, ich war so beschäftigt, dass mir überhaupt nichts aufgefallen ist, aber ich weiß es zu schätzen, dass Sie sich Gedanken machen. Ich werde allerdings an dem, was ich tue, nichts ändern, denn ich glaube wirklich, dass es das ist, was Jesus tun würde.«

An diesem Abend fuhr Michael hinaus zum Haus der Powells, um mit ihnen zu sprechen und zu beten. Als er wieder zu Hause war, ließ er sich müde in einen Sessel fallen.

»Alex und Cheryl sind beide völlig niedergeschlagen wegen dieser Sache, Sharon«, sagte er. »Nicht nur wegen Alex' Arbeitsplatz, sondern auch, weil er gerade da draußen in Vickers einige sehr positive Entwicklungen sah. Er hofft, dass Richard Olds, sein Nachfolger, eine Reihe von Sachen weiterführen wird, die er angefangen hat.«

Sharon stellte sich hinter ihn und begann, seinen Nacken und seine Schultern sanft zu massieren, während er fortfuhr: »Ich rufe Cheryl morgen früh an. Sie braucht jetzt auch ein bisschen moralische Unterstützung.«

Sie ging um den Sessel herum und hockte sich auf die Armlehne. In Michaels Gesicht sah sie auf einmal einige neue Falten. Kaum zwei Monate nach seinem Versprechen sah man ihm die körperliche Anstrengung bereits an, die damit einherging, dass er die Lasten derer trug, die gemeinsam mit ihm versprochen hatten, »ihr Kreuz auf sich zu nehmen« und Jesus nachzufolgen.

Leserbriefe an den *Ashton Herald:*

Zum Verhalten von Alex Powell, dem ehemaligen Betriebsleiter des Regionalflughafens Vickers Field, möchte ich sagen, dass es

mich erstaunt und empört, wie jemand zur Wahrung ziemlich undefinierbarer »Prinzipien« in einer eher nebensächlichen Angelegenheit fünfhundert neue Arbeitsplätze für Ashton verhindert.
*Harry Chandler, Direktor der Sozialbehörde, Ashton*

Da ich zu den Arbeitslosen gehöre, die gehofft hatten, für Jet-Rep arbeiten zu können, möchte ich sagen: »Vielen Dank, Mr Powell! Werden Sie jetzt für meine Familie das Essen ranschaffen?«
*Rick Morrow*

Was glaubt Alex Powell eigentlich, wer er ist? Ich kann den an das Wohl der Stadt denkenden Leuten in Vickers Field nur applaudieren, weil sie den Mut hatten, das förmliche Verfahren (d.h. die unflexible Bürokratie) zu umgehen, um zusätzliche Arbeitsplätze und Investitionen nach Ashton zu holen.
*Bezirksverordneter Don Essenpreis, Bezirksversammlung Bezirk 2*

Statt sich sofort an die Medien zu wenden, hätte Mr. Powell auch den Flughafendirektor oder andere Verantwortliche des Flughafens ansprechen können, um zu sehen, ob man das Problem auch lösen könnte, ohne Aufsehen zu erregen und das Jet-Rep-Projekt zu gefährden. Warum hat er das nicht getan? Aus dem Verhalten von Mr Powell geht hervor, dass es ihm mehr auf die öffentliche Aufmerksamkeit und die Enthüllung eines Skandals ankam als auf des Wohl unserer Stadt.
*Jonathan Spire*

Wir, die Unterzeichnenden, möchten Alex Powell für sein jüngstes Vorgehen in Vickers Field öffentlich unserer Unterstützung versichern. Viele von uns haben mehr als zehn Jahre mit ihm zusammengearbeitet und kennen ihn als absolut ehrlichen und integren Menschen. Wir werden ihn vermissen.
*Die Mitarbeiter der Reinigungs- und Wartungsteams Flughafen*

*Vickers Field – Joe Crain, Carlos Ramirez, Eric Seidler, Kevin Robinson, John Harney, Maggie Whitehead, Sue Setley, Kathy Fieler, David Smith, Maria Langer, Roger Franz, Scott Henderson, Richard Collins, Gary Sledge, Belinda Buckingham*

Persönlicher Brief von Pastor Maxwell:

Lieber Alex, liebe Cheryl,

ich wage kaum, mir vorzustellen, wie viel Schmerz euch beiden diese ganze Situation bereiten muss, und welchen großen Verlust besonders Alex jetzt spüren muss. Ich kann euch gar nicht sagen, wie sehr ich es schätze und bewundere, dass ihr eurem Versprechen, Jesus um jeden Preis zu folgen, so treu geblieben seid.

Ich habe großen Respekt vor eurer standhaften Weigerung, auf die wiederholten Angriffe in der Zeitung einzugehen – zumal diejenigen, die Vorwürfe gegen euch erheben, über so viele Tatsachen in Unkenntnis sind. Wenn man nur zur Kenntnis nähme, wie sehr du, Alex, versucht hast, gemeinsam mit dem Direktor das Problem zu lösen, »ohne Aufsehen zu erregen«, oder wie viel du dadurch verloren hast, dass du an die Öffentlichkeit gegangen bist. Ich glaube, du gehst den schmalen Weg, genau wie Jesus, »der nicht widerschmähte, als er geschmäht wurde, nicht drohte, als er litt, er stellte es aber dem anheim, der gerecht richtet.« (1. Petrus 2,23)

Als euer Pastor kann ich nur danke sagen für eure Geradlinigkeit und euch versprechen, dass ich mit meinen Gedanken und Gebeten bei euch sein werde, während ihr diese schlimme Zeit durchmacht.

Euer Michael

# 11

In den folgenden Wochen gab es verschiedene interessante Entwicklungen. Eine davon war die wachsende Freundschaft zwischen Rachel Wingate und Jenny Paige.

Seit jenem Sonntag, an dem Rachel mit der Geschäftsfrau über das Angebot von VC Productions gesprochen hatte, waren sie miteinander in Kontakt geblieben. Die beiden hatten sich zweimal in der Stadt zum Mittagessen getroffen, dann lud Jenny Rachel zum Abendessen zu sich nach Hause ein. Rachel war überwältigt, als sie zum ersten Mal einen Blick in die Villa der Paiges werfen konnte.

»Das ist ja unglaublich!«, sagte sie atemlos, als sie von der elegant gewundenen Treppe zu dem kleinen Springbrunnen in der Nähe des Eingangsbereiches herüberschaute. Der Boden war aus glänzendem Marmor, und überall waren wertvolle Orientteppiche ausgebreitet. Links, im Speisezimmer, hing ein schwerer Kristallüster von der hohen Decke.

Jenny schmunzelte über Rachels Reaktion. »Nicht unbedingt gemütlich, oder? Mein Mann hat das hier während seiner ganz großen Zeit bauen lassen, und ich wollte es einfach nicht verkaufen, nachdem er gestorben war. Es hat allerdings einen Vorteil: Wenn ich mich über Roger aufrege, hat er hier genug Platz, um mir aus dem Weg zu gehen.«

Rachel musste grinsen. »Wo ist Roger überhaupt? Ich habe ihn in der letzten Zeit kaum gesehen.«

»Er wird zum Abendessen hier sein. Ich glaube, er hatte ursprünglich etwas anderes vor, aber als er gehört hat, dass Sie kommen, meinte er plötzlich, er müsse mehr Zeit mit seiner lieben alten Mutter verbringen. Wenn ich ein hübsches junges Mädchen hier habe, steigert das meinen Charme ungemein.«

Rachel lachte. »Sie sind kein bisschen alt. Ich kann gar nicht glauben, dass Sie genauso alt sind wie meine Mutter. Sie sehen – ich weiß nicht – irgendwie viel lebendiger aus.«

Jenny hörte das offensichtlich gern. »Nun, jedenfalls bin ich lebendig genug, um nahezu am Verhungern zu sein. Lassen Sie uns einmal nachfragen, ob wir vielleicht etwas früher essen können.«

Die beiden waren in der Küche und unterhielten sich mit dem Koch, als Roger hereinkam. Er stutzte, als er Rachel sah.

»Oh, hi«, sagte er und grinste sie an, »ich wusste nicht, dass du schon da bist.«

Er hatte seinen Trainingsanzug an, und seine braunen Haare waren durcheinander und verschwitzt. Mit dem Handtuch, das er um seinen Hals gelegt hatte, wischte er sich schnell durchs Gesicht. Seine Gesichtszüge waren ein wenig zu hart, als dass man ihn als attraktiv bezeichnet hätte, aber er war sehr auf sein Äußeres bedacht. Und er war sich auch nur allzu bewusst, dass sein Bankkonto für die meisten Frauen sein Aussehen in einem viel günstigeren Licht erscheinen ließ.

Rachel verkniff sich ein Schmunzeln. »Wir waren gerade auf der Suche nach etwas Essbarem. Deine Mutter und ich haben auf der Wanderung durch das Haus einen Bärenhunger bekommen. Das Haus ist ja riesengroß!«

Roger zuckte mit den Schultern. »Es ist nichts Besonderes«, sagte er mit einer Selbstgefälligkeit, die im Gegensatz zu seinen Worten stand. »Eine Bleibe halt.« Er holte eine Wasserflasche aus dem Kühlschrank, schraubte den Deckel ab, verbeugte sich scherzhaft vor seiner Mutter und Rachel und nahm dann einen großen Schluck aus der Flasche. »Bis gleich, die Damen. Ich muss mich mal kurz unter die Dusche stellen.«

Jenny und Rachel hatten mit dem Essen schon begonnen, als Roger zurückkam, die Haare noch nass und zurückgekämmt. Als er sich auf einen Stuhl auf der anderen Seite des Tisches zwängte, fiel Rachel zum ersten Mal auf, wie ähnlich er Jenny mit seinen strengen Gesichtszügen sah. Das auffällige Muster seines Hemdes ließ seine leuchtenden blauen Augen noch stärker hervortreten.

»Also«, sagte er vergnügt, »was führt dich hinaus ins Mausoleum der Paiges?« Er bediente sich reichlich von einer dampfenden Platte mit Broccoli und goss mit einem Soßenlöffel etwas Bratensaft über seine Kartoffeln. »Wir haben in letzter Zeit nur wenige Besucher, die nicht geschäftlich hier sind.«

»Deine Mutter und ich haben tatsächlich über Geschäfte gesprochen. Sie hat mir von einem der Objekte erzählt, die eure Firma vor ein paar Monaten unten in der Südstadt gekauft hat.« Rachel blickte zu Jenny hinüber. »Haben Sie ihm schon irgendetwas davon erzählt?«

Jenny schüttelte den Kopf. »Wir sprechen über das Jeffers-Haus, Roger. Wir sind auf eine Idee gekommen, die uns beiden gefällt.«

Das Jeffers-Haus war ein heruntergekommener, vierstöckiger Altbau mitten in der rauesten Gegend der Südstadt von Ashton. Es stand schon lange leer und zeigte überall Spuren von Vandalismus; die meisten Fenster waren herausgebrochen und durch Stahlgitter ersetzt worden. Da hier im Winter häufig Obdachlose Unterschlupf suchten, war die Luft im Inneren mit dem Gestank von Urin und Erbrochenem durchsetzt. Drogenhandel und Vergewaltigungen, ja sogar Mord, gehörten in dieser Gegend zum Alltag.

»Das Beste für diesen Schandfleck ist die Abrissbirne«, sagte Roger entschlossen. »Selbst wenn wir das Gebäude wieder in Ordnung brächten, würde kein Unternehmen sich da ansiedeln wollen.«

»Das ist genau der Punkt«, sagte Rachel. »Es gibt nur eins, wofür das Gebäude perfekt wäre – eine Missionseinrichtung!«

Roger hielt inne, die Gabel in der Hand, und starrte erst Rachel, dann seine Mutter an. »Eine *Missionseinrichtung?* Ihr meint so etwas Ähnliches wie eine Kirche?«

Jenny nickte. »Aber nicht wie eine gewöhnliche Kirche. Sie wäre für die Obdachlosen in der Gegend da, und es würde mehr getan als nur gepredigt. Im Erdgeschoss gibt es jetzt schon eine Küche, die man renovieren könnte, und die oberen Stockwerke könnte man mit Feldbetten und Duschen ausstatten. Es wäre eher eine Art Zufluchtsort, wo die Menschen hinkommen könnten, eine hoffnungsfrohe Botschaft hören würden und dann eine warme Mahlzeit und ein Bett bekämen. Kannst du dir einen wirksameren Weg vorstellen, um sie zu erreichen?«

Roger lachte verächtlich. »Sie werden dieses System einfach ausnutzen, um zu bekommen, was sie wollen. Die meisten, die so leben, *wollen* es auch so und sind nicht dazu gezwungen. Das Ganze wäre eine völlige Zeit- und Geldverschwendung.«

»Das glaube ich nicht«, widersprach Rachel. »Aber selbst, wenn einige das System ›ausnutzen‹ würden, wie du es nennst, würde es für andere immer noch seinen Zweck erfüllen. Auf jeden Fall werden wir mit Pastor Maxwell darüber sprechen und sehen, was er davon hält.«

Roger schaute seine Mutter fragend an, dann warf er Rachel einen kurzen Blick zu. Warum schienen ihm ihre Gesichter auf einmal so – lebendig?

*

Die Atmosphäre im Konferenzraum des Hochhauskomplexes *Ashton Towers* war angespannt, als knapp zwanzig Filialleiter nervös auf »Mr B« warteten. Nachdem die Besprechung ange kündigt worden war, hatten alle möglichen Gerüchte die Runde gemacht.

»Ich habe gehört, dass er plant, uns alle rauszuwerfen und durch Leute aus seiner Kirche zu ersetzen«, sagte einer. »Er ist auf irgendeinem Jesus-Trip, und deshalb will er nur noch christliche Filialleiter.«

»Also, wenn er das versucht, wird er es bereuen«, sagte eine Frau kämpferisch. »Ich werde ihn so schnell verklagen, dass er nicht weiß, wie ihm geschieht. Das ist unzulässige Diskriminierung!« Die anderen äußerten immer vernehmbarer ihre Zustimmung. Dann wurde es abrupt still, als Cliff Bright den Raum betrat und nach vorne ging. Er begrüßte einige Filialleiter mit Namen und eröffnete dann die Sitzung.

»Wie ich hörte«, begann er, »machen sich einige von Ihnen Sorgen, ich könnte diese Sitzung einberufen haben, um Sie alle zu entlassen.« Er machte eine Pause und lächelte. »Obwohl es Wochen gegeben hat, in denen mir dieser Gedanke verlockend erschienen wäre, versichere ich Ihnen, dass Sie nicht deshalb hier sind.«

Einige Leute warfen sich erleichterte Blicke zu. Die Frau, die kurz zuvor das Wort ergriffen hatte, lehnte sich in ihrem Sessel zurück. In der ersten Reihe hörte Connie Garza leise zu, ihre dunklen Augen auf Cliff Brights Gesicht gerichtet.

Er fuhr fort: »In Wirklichkeit möchte ich ein paar Neuerungen bekannt geben, von denen ich hoffe, dass ich sie in den nächsten Monaten in den Geschäften einführen kann, und hätte auch gerne Ihre Ideen und Vorschläge gehört, wie wir Mr B noch attraktiver machen können. Sie kennen Ihre Kunden besser als ich, und ich dachte, vielleicht haben Sie besondere Vorstellungen, was Ihrer Meinung nach in den jeweiligen Filialen geschehen sollte.«

Nachdem er dies gesagt hatte, nickten einige Filialleiter zustimmend, während andere aufgeregt tuschelten. Cliff Bright wartete, bis das Gemurmel verstummt war, und ergriff dann wieder das Wort.

»Sie wissen alle, dass die Lebensmittelkette Mr B seit einigen Wochen keine pornographischen Magazine mehr verkauft. Obwohl diese Entscheidung die Firma einiges Geld gekostet hat, glaube ich, dass sie richtig war. Wir haben es nicht nötig, mit dem Verkauf von Schund Geld zu verdienen.«

Einige der weiblichen Angestellten spendeten spontan Beifall. Cliff war überrascht, aber erfreut. Er wartete, bis sich der Applaus gelegt hatte, und redete dann weiter.

»Je länger ich darüber nachgedacht habe, desto mehr bin ich jedoch zu der Überzeugung gelangt, dass noch andere einschneidende Veränderungen nötig sein werden. Und ehrlich gesagt, könnten die am Ende noch mehr Geld kosten.«

Sein ernster Tonfall führte dazu, dass sich erneut ein sorgenvolles Schweigen in dem Raum ausbreitete. Was hatte er vor?

»Während der letzten zwei Wochen war es mir wichtig, jedes einzelne Ihrer Geschäfte zu besuchen, nicht aus den üblichen Gründen, sondern weil ich mir bewusster werden wollte, was wir für die Gesellschaft tun. Ich muss sagen, dass ich anschließend über sehr viel nachgedacht habe. Nichts von dem, was ich jetzt sagen werde, bezieht sich direkt auf einen von Ihnen. Für die Produkte in Ihren Geschäften war immer ich verantwortlich und nicht Sie. Aber weil das so ist, bin ich jetzt auch dafür verantwortlich, einige Fehlentscheidungen der Vergangenheit zu korrigieren.

Zunächst einmal möchte ich, dass Sie die Tabakwaren in Ihren Geschäften ausverkaufen und dann keine neuen mehr bestellen. Viel zu viele Menschen leiden und sterben heutzutage als Folge des Tabakkonsums, und obwohl ich weiß, dass es völlig legal ist, möchte ich nicht – auch nicht indirekt – Schuld an der Abhängigkeit anderer sein.« Für einen Moment sah er Connie in die Augen.

»Zweitens möchte ich, dass Sie es mit hochprozentigem Alkohol genauso halten und keinen mehr nachbestellen. Auch wenn ich nicht behaupten kann, allzu viel über Alkohol zu wissen, scheint mir eines klar zu sein: Man kauft hochprozentigen Alkohol hauptsächlich, weil man sich betrinken will. Fürs Erste werden wir weiter Bier und Wein führen, aber wenn ich einen Mitarbeiter dabei erwische, wie er Alkohol an Minderjährige verkauft, werde ich ihn sofort entlassen.«

Die Ankündigung dieser beiden Neuerungen genügte, um die Filialleiter in Erstaunen zu versetzen, aber bevor sie so richtig wirken konnte, eröffnete Cliff Bright schon die Diskussion. Connie Garza zögerte erst und traute sich dann, die Hand zu heben. Als Cliff Bright nickte, stand sie auf.

»Viele meiner Kunden arbeiten in dem Eisenwarengeschäft am anderen Ende der Straße«, sagte sie. »Einige haben mich gefragt, warum wir bei Mr B eigentlich keinen Imbiss eröffnen. Dann könnten sie sich nämlich in der Mittagspause ein frisches Sandwich kaufen.«

Ein paar andere Filialleiter nickten, und Cliff Bright notierte sich die Idee auf einem kleinen Block. »Das ist ein interessanter Vorschlag, Connie. Ich werde sehen, was sich machen lässt. Sonst noch jemand?«

»Wenn wir schon überlegen, einen Imbiss zu eröffnen, warum dann nicht auch eine Abteilung für frische Backwaren?«, schlug jemand vor. »Einige meiner Kunden kaufen sich jeden Morgen zum Frühstück die eingepackten Donuts, aber ich wette, wenn wir frische Donuts hätten – es können ja ruhig nur ein paar Sorten sein –, würden wir die alle los. Es gibt nämlich kilometerweit im Umkreis keinen Bäcker.«

Die anderen Filialleiter kamen nun auch auf Ideen und tauschten leise murmelnd ihre Gedanken aus, während Cliff Bright sich aufschrieb, was gerade vorgeschlagen worden war. Als er um den nächsten Vorschlag bat, hoben vier Leute die Hand.

»Mir geht es nicht um ein neues Produkt oder so etwas«, sagte eine Frau, »aber meine Schwester arbeitet in einer Filiale von ›Quick-Mart‹ unten in Tenessee, und nachdem sie einmal nachts ausgeraubt wurde, hat ihr Chef rund um die Kasse eine Art Käfig aus kugelsicherem Glas angebracht. Ich weiß nicht, wie es den anderen geht, aber mit so etwas würde ich mich viel sicherer fühlen, wenn ich alleine spät abends arbeiten muss.« Einige andere unterstützten die Idee und Cliff Bright schrieb sie sich auf.

Die Sitzung dauerte noch eine Stunde, und jeder einzelne Filialleiter stand auf und machte Vorschläge. Die Atmosphäre wurde immer lockerer, man lachte viel und Cliff Bright und seine Angestellten hatten zunehmend das Gefühl, in einem Boot zu sitzen. Als die Besprechung zu Ende war, blieben viele noch ein wenig länger, um sich mit Mr B zu unterhalten.

Cliff Bright ging an diesem Nachmittag leichten Herzens zurück in sein Büro. Ich habe noch nie erlebt, dass sie so viel Ehrgeiz hatten, ihre Geschäfte zum Erfolg zu machen, dachte er. Wenn uns etwas helfen wird, die schwierigen Monate, die vor uns liegen, zu überstehen, dann das.

# 12

Das Versprechen der Gemeindemitglieder hatte nun bald vier Monate Bestand. Die Zahl derjenigen, die an den Treffen nach den Sonntagsgottesdiensten teilnahmen, war kontinuierlich gestiegen, und die regelmäßigen Teilnehmer – es waren jetzt fast hundert – begrüßten einander fröhlich und vertraut. Da etwas Gemeinsames sie verband, empfanden sie es als immer natürlicher, ihre Erfahrungen auszutauschen.

Der zunehmende Erfolg der Treffen hatte allerdings dazu geführt, dass einige Diakone und andere aktive Gemeindemitglieder sich über den »Klüngel« in der Gemeinde beschwerten.

»Die da drinnen werden langsam so eine Art Elite-Klübchen«, hatte Martha Robinson nach dem letzten Gottesdienst leise gespottet. »Wenn Maxwell dem nicht bald ein Ende bereitet, wird der Vorstand einige Briefe bekommen, die seine Absetzung verlangen.«

»Nach allem, was ich weiß«, hatte ein Diakon ergänzt, »gehen viele nur zu den Treffen, um mit dabei zu sein und sich beim Pastor hervorzutun.«

»Na, *ich* mache da jedenfalls nicht mit. Steht in der Bibel nicht, dass wir alle ein Leib sind? Ich glaube, es geht wieder einmal nur darum, dass sich einige als die besseren Christen fühlen wollen.«

Am nächsten Sonntag fiel Michael Maxwell jedoch auf, dass bei dem Treffen nach dem Gottesdienst einige fehlten – darunter auch Jason Clark. Er hatte sich gleich nach dem Kirchgang entschuldigt und als Grund kurzfristige Terminänderungen angegeben. Michael bemerkte, dass er es beim Hinausgehen sorgfältig vermied, Rachels kritischem Blick zu begegnen.

Als er die Powells am anderen Ende des Raumes entdeckte, schlängelte er sich langsam zu ihnen durch. Alex hatte gerade im benachbarten Guilford eine neue Stelle als Inspektor bei der Luftfahrtbehörde bekommen, und es sah so aus, als ob es ihn und Cheryl finanziell nicht allzu hart getroffen hätte. Aber die Übergangszeit war schwierig gewesen.

»Wie sieht es aus?«, fragte Michael und gab Alex einen herzlichen Händedruck. »Haben Sie sich Ihren neuen Chef schon richtig erzogen?«

Alex schüttelte den Kopf. »Es ist gar nicht so einfach für mich, einen Vorgesetzten zu haben, der nur halb so alt ist wie ich – besonders, wenn er die meiste Zeit nicht weiß, wovon er spricht. Er hat zwar seinen Dienstgrad, aber nicht mal zwei Jahre Erfahrung auf einem Flughafen!« Er seufzte. »Es kostet mich beinahe meine ganze Energie, einfach nur den Tag zu überstehen.«

Michael klopfte ihm auf die Schulter. »Nun, vielleicht muntert es Sie etwas auf, wenn ich Ihnen erzähle, dass sich letzte Woche bei der Andacht in Vickers zwei Arbeiter für Jesus entschieden und zur Taufe gemeldet haben. Die Gruppe wird fast jede Woche größer, und ohne Sie wäre das alles nicht möglich gewesen, Alex.«

Alex sah erfreut aus. »Das ist gut. Das ist großartig! Vielen Dank, dass Sie es mir erzählt haben.«

Nach dem Eröffnungsgebet erzählten viele von ihren Erfahrungen und baten um Fürbitte für konkrete Anliegen. Dann stand Cliff Bright auf.

Sein sonst so rosiges Gesicht sah an diesem Morgen blass aus, und er schien abgenommen zu haben. Obwohl Elizabeth in ihrem Protest gegen seine Teilnahme an den Treffen nach den Gottesdiensten nie nachgelassen hatte, war er zu jedem Treffen gekommen, seitdem er das Versprechen abgelegt hatte. Besonders mit Ted Newton und Daniel Marshall fühlte er sich immer mehr verbunden.

Cliff Bright stand vor den Versammelten und räusperte sich. »Ich fürchte, ich habe nicht so gute Neuigkeiten wie einige andere, die heute Morgen von ihren Erfahrungen berichtet haben«, sagte er zögernd. »Ich habe dies so lange wie möglich auf die lange Bank geschoben, in der Hoffnung, das Problem werde sich von selbst lösen. Aber wenn nicht bald etwas Entscheidendes passiert, werde ich wahrscheinlich einige meiner Geschäfte schließen müssen.«

Seine Ankündigung schockierte viele der Anwesenden. Auch diejenigen, die den Einzelhandelsunternehmer nicht gut kannten, hatten ihn in den vergangenen Monaten zunehmend respektiert und bewundert. Wegen seines fundierten Wissens in Glaubensfragen und seiner durchdachten Antworten hatten sich viele auf der Suche nach Rat an ihn gewandt.

Cliff Bright erzählte weiter: »Viele von Ihnen werden sich daran erinnern, dass ich kurz nach dem Versprechen beschlossen hatte, keine Männermagazine mehr zu verkaufen und hochprozentigen Alkohol komplett aus den Regalen zu nehmen. Ich habe diese Entscheidungen nach vielen Gebeten getroffen und geglaubt, dass Jesus an meiner Stelle so entschieden hätte.

Es hat mich nicht überrascht, als die Firma sofort weniger Umsatz machte; die Zeitschriften haben viel Geld gebracht. Aber während der nächsten Monate kamen noch die Verluste des Tabak- und Alkoholverkaufs hinzu, und das alles addierte sich zu einem Umsatzrückgang von über 31 Prozent! Kein Unternehmen kann solch einen Verlust lange Zeit hinnehmen und trotzdem im Geschäft bleiben.

Ich habe alle meine Filialleiter zu einer Sitzung zusammengerufen, um über Möglichkeiten zu sprechen, wie wir die Verluste wettmachen könnten, und sie sind auf großartige Ideen gekommen, von denen ich glaube, dass sie nach einer gewissen Zeit sehr erfolgreich sein könnten. Ich habe beträchtliches Geld investiert, um in fünf Geschäften kleine Imbisse einzurichten und in weiteren sechs Geschäften Backwarenabteilungen zu schaffen. Aber unter dem Strich sieht es so aus, dass wir innerhalb der nächsten sechs bis acht Wochen eine spürbare Umsatzsteigerung brauchen, sonst bin ich zu drastischen Einschnitten gezwungen – und das würde höchstwahrscheinlich bedeuten, Geschäfte zu schließen.«

Er ließ seinen Blick im Raum umherschweifen. »Was mir in dieser Hinsicht die meisten Sorgen bereitet, sind meine Angestellten. Einige von ihnen sind in finanziellen Schwierigkeiten und könnten es sich nicht leisten, ihren Arbeitsplatz und ihre Krankenversicherung zu verlieren. Sie können nichts dafür, dass ich sie nicht länger mit den Produkten beliefere, die die Leute offensichtlich kaufen wollen! Ich würde es sehr zu schätzen wissen, wenn ihr alle während der nächsten Wochen für mich beten könntet, damit ich die richtigen Entscheidungen treffe.«

Alex Powell hörte aufmerksam zu. »Cliff, hast du dich schon entschieden, ob du auch Bier und Wein aus deinen Geschäften nimmst? Du hattest so etwas mal erwähnt.« Alex, der vor Jahren eine Erfahrung gemacht hatte, an der er fast zu Grunde gegangen wäre, war ein erklärter Gegner jeglichen Alkoholverkaufs.

»Ich bin mir im Moment noch nicht ganz sicher«, sagte Cliff ehrlich. »Ich weiß, dass viele Christen es unter allen Umständen für falsch halten, Alkohol zu trinken, und ich kann nicht leugnen, dass Alkohol für viel Leid und Elend verantwortlich ist. Aber so, wie ich die Bibel verstehe, wird der Missbrauch verurteilt, nicht der Alkohol.«

Nachdem Cliff sich wieder gesetzt hatte, herrschte einen Moment lang Schweigen. Dann erhob sich Kim Newton spontan von ihrem Platz und stellte sich vor die Versammelten.

»Ich weiß nicht, wie es euch geht«, sagte sie, »aber ich habe großen Respekt vor dem, was Cliff Bright tut. Warum können wir ihn nicht einfach mit unseren Einkäufen genauso unterstützen wie mit unseren Gebeten? Wenn wir alle hier uns vornehmen, ab sofort bei Mr B einzukaufen, und unsere Freunde und Nachbarn dazu bringen könnten, es auch zu tun, würde das nicht eine Menge ändern? Ich bin sicher, eine Menge Leute wären bereit, sich an etwas Neues zu gewöhnen, wenn sie merken, worum es hierbei geht.«

Ted war überrascht von dem leidenschaftlichen Engagement seiner Frau und äußerte sofort begeistert sein Einverständnis. Alle anderen taten es ihm schnell gleich.

Michael Maxwell stand auf. »Das ist eine großartige Idee, Kim. Auch die Gemeinde kann helfen, indem sie die Donuts und den Kaffee für unsere Gruppenstunden von nun an bei Mr B kauft.«

Cliff hörte zu und staunte, überwältigt von der versprochenen Unterstützung.

Dann ergriff Jenny Paige das Wort. »Mr Bright«, sagte sie erfreut, »jetzt, wo Sie die Gemeinde hinter sich haben, wird sich das Blatt bald wenden, denn etwas anderes kann ich mir einfach nicht vorstellen. Aber können Sie uns versprechen, dass Sie uns auf jeden Fall Bescheid sagen, wie sich die Dinge entwickeln – egal, ob gut oder schlecht?« Cliff nickte zustimmend.

Jenny lächelte. »Also«, sagte sie, »wo ich gerade schon rede, kann ich eigentlich gleich noch etwas anderes erzählen. In den vergangenen Wochen haben Rachel Wingate und ich einen Plan ausgearbeitet, wie wir die Menschen in der Südstadt erreichen können. Wenn Sie die Gegend rund um die Second Street und die Chandler Street überhaupt kennen, wissen Sie, dass es dort von Drogenhändlern, Prostituierten, Obdachlosen, Jugendbanden und so weiter nur so wimmelt. Die Gegend ist so verwahrlost, dass die Polizei es praktisch aufgegeben hat, sie noch zu kontrollieren.

Aber mitten in diesem Viertel gibt es ein großes, leer stehendes, vierstöckiges Gebäude, das alte Jeffers-Haus. Die Fima Paige hat es vor ein paar Monaten zusammen mit einigen anderen gewerblichen Immobilien in der Innenstadt gekauft. Rachel und ich würden daraus gerne eine Art Straßenmission machen, wo den Menschen das Evangelium gepredigt würde, wo sie aber auch etwas zu essen, Kleidung, eine vorübergehende Unterkunft und vielleicht sogar ärztliche Hilfe bekommen. Wir wollen es vielleicht ›Südstadt-Mission‹ nennen.«

Unter den Zuhörern nickte Dr. West sofort zustimmend und sah begeistert aus. Jenny lächelte zu ihr herüber.

»Ich muss zugeben, dass mir diese Sache am Anfang eher wie ein Alptraum als wie eine Vision vorkam. Ich bin Geschäftsfrau, keine Missionarin, und in der Vergangenheit habe ich es immer vermieden, mit solchen Leuten zu tun zu bekommen. Aber in der letzten Zeit bin ich zu der Überzeugung gelangt, dass ich *mich selbst* und nicht nur mein Geld einsetzen muss.«

Sie hielt inne und suchte nach den richtigen Worten. »Die meisten von Ihnen wissen, dass es mir finanziell sehr gut geht. Ich war immer stolz darauf, großzügig für die Gemeinde zu spenden, in der Überzeugung, meine Christenpflicht zu tun. Aber seit ich dieses Versprechen gegeben habe, stelle ich einiges infrage. Heißt es wirklich, Jesus nachzufolgen, wenn man Geld spendet, das einem nirgendwo fehlen wird? Oder wohltätige Zwecke finanziell unterstützt, aber mit den Menschen, denen geholfen werden soll, persönlich nicht in Berührung kommen will? Wo ist denn da die Selbstverleugnung, das Opfer?«

Sie lächelte ein wenig. »Also, nun stehe ich hier und glaube fest, dass Gott mir aufgetragen hat, mich für die Südstadt-Mission zu engagieren, und so komisch es klingt, ich bekomme langsam Spaß daran! Wir hoffen, Betten für 125 Personen aufstellen zu können. Dann sollte der Speisesaal groß genug werden, damit die gleiche Anzahl Menschen dort essen kann. Pastor Maxwell hat schon mit einigen anderen Geistlichen in der Umgebung gesprochen, die vielleicht bereit sind zu helfen. Wenn alles gut geht, werden wir innerhalb von sechs Wochen eröffnen können.«

Als Jenny sich setzte, ging ein leises, aufgeregtes Murmeln durch die Reihen der Versammelten. Dr. West lehnte sich zu Ted und Kim Newton herüber, um mit ihnen zu sprechen. Auch Lauren Woods und Terri Bannister wechselten schnell ein paar Worte miteinander. Die Idee einer Straßenmission regte ihre Phantasie an. Plötzlich herrschte eine Atmosphäre, in der alle Möglichkeiten, Gott zu dienen, greifbar waren.

Michael Maxwell stand auf und gab ein Zeichen, damit Ruhe einkehrte. »Sobald die Mission geöffnet hat«, sagte er, »wird es zweifellos einen großen Bedarf an Beratern und Mitarbeitern geben. Bitte beten Sie dafür und sprechen Sie mich an, wenn Sie bereit sind, an dieser wichtigen Aufgabe mitzuwirken.«

Ein paar Minuten später bat Michael Cliff Bright, das Treffen offiziell zu beenden. Als Cliff aufstand und auf seine sanfte, ernsthafte Art zu beten begann, wurde es wieder ganz still im Raum.

# 13

Gedankenverloren fuhr Rachel zurück in ihre Wohnung. Das Treffen nach dem Gottesdienst hatte sie in eine eigenartige Unruhe versetzt, und sie hatte nicht einmal Lust, sich ihrer liebsten Sonntagnachmittagsbeschäftigung zu widmen, nämlich es sich mit einem guten Buch auf ihrem Sofa gemütlich zu machen. Stattdessen entschloss sie sich, ihren Eltern einen überfälligen Brief zu schreiben.

Sie setzte sich an ihren kleinen Schreibtisch aus Eichenholz, öffnete die Schublade und holte einen cremefarbenen, mit Noten verzierten Briefblock hervor. Nachdem sie einen Moment überlegt hatte, schrieb sie in ihrer klaren Schönschrift:

Liebe Mama, lieber Papa,

entschuldigt bitte, dass ich so lange nicht geschrieben habe, aber hier sind eine Menge aufregender Dinge passiert.

Als wir uns das letzte Mal gesprochen haben, habt ihr euch Sorgen über das Versprechen gemacht, das ich in der Gemeinde abgelegt habe, und euch gefragt, ob ich mich von irgendwelchen Leuten beeinflussen lasse. Ich kann euch versichern, dass das überhaupt nicht der Fall ist. Wenn mich dieses Versprechen verändert hat, dann so, dass ich sogar besser widerstehen kann, wenn jemand mich zu etwas drängen will.

Ich kann euch zum Beispiel von einer Sache erzählen, die inzwischen abgehakt ist, die mich aber ziemlich beschäftigt hat: Vor sechs Wochen hat eine Produktionsfirma aus Chicago mir angeboten, für eine Rolle in einem Fernsehfilm vorzusprechen, der in diesem Sommer gedreht werden soll. Diese Leute hatten mich in der Kirche singen hören und dachten, ich sei perfekt für die Rolle einer Nachtclubsängerin.

Am Anfang hörte sich das fabelhaft an. Die Gage war phantastisch und es wäre die beste Gelegenheit gewesen, eine Karriere als Sängerin zu beginnen. Es gab da nur ein Problem: Sowohl der

Film als auch die Rolle waren, vorsichtig ausgedrückt, moralisch fragwürdig. Abgesehen von dem ungenießbaren Inhalt des Films als solchem (ein junger Mann mit einer gespaltenen Persönlichkeit bringt beide Elternteile um), hätte ich ordinäre Ausdrücke benutzen und in mindestens einer freizügigen »Liebesszene« mitspielen müssen.

Aber ich wollte es trotzdem machen – bis ich mich an mein Versprechen erinnert habe. Wenn ich ehrlich bin, hat mich der Gedanke, dass Gott einem so etwas Aufregendes verdirbt, zunächst ziemlich wütend gemacht, und ich war nahe daran, mein Versprechen zu brechen, damit ich machen kann, was ich will. Ich weiß immer noch nicht so genau, was mich aufgehalten hat – es sei denn, es war der Heilige Geist.

Ich weiß, ich weiß. Das klingt wahrscheinlich ziemlich komisch, besonders wenn *ich* das sage! Ich war nie der Typ, der »fromme« Ausdrücke wie »Heiliger Geist« benutzt hätte. Wenn ich überhaupt einmal über den Geist nachgedacht habe, dann eher in Form einer Art religiöser Theorie.

Aber wenn es etwas gibt, was ich während der letzten Monate gelernt habe, dann ist es, dass der Heilige Geist existiert und die tatsächliche Gegenwart Gottes in meinem Leben ist. Ich meine, ich habe jetzt das Gefühl, jahrelang nach außen hin Christin gewesen zu sein, ohne eine Ahnung davon gehabt zu haben, wo alles seinen Ursprung hat, ganz wie eine Taschenlampe, die ohne Batterien zu leuchten versucht!

Es hat meine Art zu beten sehr verändert. Wenn ich früher überhaupt gebetet habe, erwartete ich eigentlich nie eine Antwort. Es war mehr so etwas wie positives Denken oder sich Dinge »wünschen«, die man gerne hätte. Aber ich kann euch gar nicht sagen, wie viele ganz konkrete Gebete allein in diesen paar Monaten erhört worden sind. Es ist fast unglaublich!

Erinnert ihr euch noch an unseren Rektor Marshall? Er hat zusammen mit uns das Versprechen abgelegt und vor ein paar Wochen hat er uns alle gebeten, für einen Studenten zu beten, der wegen finanzieller Schwierigkeiten überlegen musste, ob er das Studium kurz vor seinem Examen abbricht. Der arme Kerl hatte schon zwei Nebenjobs, aber es gab irgendein Problem in seiner Familie. Jedenfalls haben wir gebetet, dass Gott für ihn einen Weg findet, an der Uni bleiben zu können, und genau das hat er getan! Die Universität hat eine Reihe von Spenden für seine Ausbildung bekommen, und am Ende fehlten ihm nur noch 25 Dollar. Die hat Rektor Marshall dann beigesteuert.

Und dann ist da noch Ted Newton, der Chef des Fernsehsenders WFBB. Nach dem Versprechen hat er angefangen, den Sender so zu führen, wie er glaubt, dass Jesus es tun würde: Er hat einige wirklich grässliche Sendungen gestrichen und versucht, sie durch sinnvolle, familiengerechte Programme zu ersetzen.

Letzten Monat war er ganz nahe daran, seinen Job zu verlieren, nachdem er angekündigt hatte, keine Werbung mehr zu akzeptieren, die diskriminierend ist, nur auf sexuelle Reize setzt oder andere unmoralische Einstellungen vermittelt. Aber trotz der spöttischen Kommentare über Teds »puritanische Vorstellungen« in unserer Lokalzeitung und trotz der Jubelfeiern der anderen Sender sind die Einschaltquoten von Kanal 5 sofort gestiegen! Niemand in der Branche kann das verstehen, aber ich glaube, es ist die unmittelbare Antwort auf unsere Gebete.

Und ich habe euch doch von Jenny Paige erzählt, erinnert ihr euch? Sie ist in der Immobilienbranche, und ihrer Familie gehören sehr viele Grundstücke in Ashton. Wir arbeiten gerade gemeinsam an einem Plan für eine Mission in der Innenstadt, die Ashtons Obdachlose erreichen soll. Das nächste Mal werde ich euch alles darüber erzählen. Wir haben ein paar ganz spannende Ideen.

Auf jeden Fall wollte ich euch einfach einmal sagen, dass alles in Ordnung ist. Ich werde mir ab jetzt mehr Mühe geben, mich öfter zu melden, damit ihr euch keine Sorgen machen müsst. Sagt Oma und Opa, dass ich sie sehr lieb habe, und Jimmy, dass er keine Dummheiten machen soll.

Alles Liebe, Rachel

Sie zögerte einen Moment und schrieb dann noch:

P.S.: Jason lässt euch auch herzlich grüßen und freut sich auf unseren Besuch im November, wenn er euch wiedersehen wird.

*

Zur selben Zeit dachte Jason Clark an seinen Plan, die Herbstferien mit Rachel bei ihrer Familie zu verbringen.

Er saß in seiner Wohnung am Klavier, seine schlanken Finger glitten gekonnt über die Tasten und ließen eine leise, romantische Melodie erklingen, die seine Gedanken in Töne umsetzte. Dann machte er eine kurze Pause und notierte etwas auf dem halb beschriebenen Notenpapier, das vor ihm aufgestellt war. Lächelnd blickte er noch einmal auf den mit der Hand hingekritzelten Titel seines Liedes: »Rachel«.

Der Text, den er geschrieben hatte, war ebenso voller knisternder Erotik wie die Musik, die er dazu spielte:

*Ein süßer Duft erfüllt den Raum.*
*Und deine Augen sagen mir:*
*wir träumen doch den gleichen Traum*
*so voller Sehnsucht und Begier.*

*Du ziehst mich an, ich liebe dich*
*mit allen Fasern meines Seins;*
*Ganz nah bist du, bald spür ich dich,*
*Unsere Stimmen, Körper ... eins.*

An jenem Morgen hatte er sich in letzter Minute entschieden, dem Pastor lieber nicht so genau zu sagen, warum er nach dem Gottesdienst so überstürzt aufbrechen musste. Da es bis zu Rachels Geburtstag nur noch ein paar Wochen waren, brauchte er Zeit, um das Lied fertig zu komponieren, das er ihr schenken wollte. Obwohl er dies für einen völlig ausreichenden Grund hielt, beim Treffen nach dem Gottesdienst zu fehlen, hatte er doch leise Zweifel, ob Michael das auch so sehen würde.

Vielleicht sollte ich noch einen Schritt weitergehen und ihr auch den Verlobungsring überreichen, den wir ausgesucht haben, dachte er. Sie hat mich in der letzten Zeit etwas komisch behandelt. Das könnte die Sache ausbügeln.

Ihre Eltern würden wahrscheinlich von ihnen erwarten, eine Verlobung erst nach dem Besuch zum Erntedankfest anzukündigen, um ihren offiziellen »Segen« erbitten zu können, aber plötzlich wollte er nicht länger warten. Sie werden sich damit abfinden, glaubte er jetzt, und in dieser Gewissheit wandte er sich wieder seiner Musik zu.

## 14

Es war Freitagnacht, und die Stimmung in der immer überfüllten Kneipe »Mardi Gras« war ausgelassen. Roger Paige war kaum durch die Tür gekommen, da wurde er schon von anderen Stammgästen stürmisch begrüßt.

Als er sich einen Weg durch den lauten, verräucherten Raum bahnte, rief ihm Jo Lynn, die Bedienung hinter der Theke, gut gelaunt zu: »Hi, Roger. Wie geht's?«

»Super«, antwortete Roger, der gegen die Musik der Country-Gruppe anschreien musste. »Und dir?«

»Auch so. Es muss halt.«

Roger lächelte zustimmend und schlängelte sich dann zu einem Tisch durch, an dem schon zwei seiner Tenniskumpanen bei ihren Getränken saßen. Jo Lynn stellte ihm auch etwas zu trinken hin und lächelte ihn strahlend an, bevor sie wieder in der Menge verschwand.

Nachdem er Bruce und Dennis freundschaftlich zugenickt hatte, ließ er seinen Blick kurz durch den überfüllten Raum schweifen und entdeckte viele bekannte Gesichter. Das »Mardi Gras« zog an jedem Wochenende die gleichen Leute an, größtenteils ein Yuppie-Publikum, das nach harter Arbeit auch den entsprechenden Spaß haben wollte. Roger passte gut in diese Gesellschaft.

Allerdings musste er an diesem Abend wieder einmal gegen eine innere Unruhe ankämpfen. Die Gespräche rings um ihn waren alle gleich – eine gewollte, belanglose Fröhlichkeit, die eine unterschwellige Gleichgültigkeit nicht völlig kaschieren konnte. Was war in letzter Zeit mit ihm los? Es war, als ob nichts ihn mehr zufrieden stellen könnte. Sogar die Musik war deprimierend.

Vielleicht ist es Zeit, Urlaub zu machen, überlegte er. Ich war schon lange nicht mehr tauchen. Ich könnte eine Woche freinehmen und auf die Seychellen fliegen –

Hier brachen seine Gedanken abrupt ab. Bei seinem letzten Tauchurlaub war er noch mit Lisa zusammen gewesen. Sie hatte deutlich gesagt, dass die Beziehung mit Roger ihr ernst war. Er hatte genauso deutlich gesagt, dass er an einer festen Bindung nicht interessiert war. Vor kurzem hatte er gehört, sie habe sich mit einem Börsenmakler verlobt.

Besser er als ich, dachte Roger kühl. Ich bin noch lange nicht so weit, mich auf eine bestimmte Frau festzulegen. Doch im Gegensatz zu diesem Gedanken sah er auf einmal die großen, grünen Augen und das kastanienbraune Haar einer ganz bestimmten Frau vor sich: Rachel.

Roger nippte lustlos an seinem Getränk und dachte an den Glanz in ihren Augen, als sie über die Gemeinde und die Pläne für die Südstadtmission gesprochen hatte. Ihm fiel auf, dass Rachel Wingate sich von ihm noch nie sonderlich beeindruckt gezeigt hatte, geschweige denn sich bemüht hatte, in seiner Nähe sein zu können. Er war es nicht gewohnt, einfach so links liegen gelassen zu werden.

Ich würde sie gerne näher kennen lernen, schoss es ihm plötzlich durch den Kopf, und er war von dem Gedanken selbst überrascht. Aber ich glaube, sie ist ziemlich fest mit Jason Clark zusammen. Ich weiß nicht, aber irgendetwas hat sie an sich; sie ist schon eine tolle Frau.

*

Während der nächsten Wochen erlebte die Baptistengemeinde einen beispiellosen Aktivitätsschub. Immer wieder machten sich ehrenamtliche Helfer auf in die Südstadt, um an der Mission zu arbeiten: Sie wurde von außen und innen gestrichen, alte Einbauküchen wurden herausgerissen und ersetzt, neue Teppichböden verlegt, Stühle, Tische und Feldbetten, die von Schwestergemeinden gespendet wurden, herbeigeschafft.

Daniel Marshall verblüffte alle mit seinem unermüdlichen Einsatz für das Projekt.

»Es ist nicht so, wie Sie vielleicht glauben«, räumte er gegenüber Michael Maxwell ein. »Ich bin nicht einmal sicher, ob dieses Konzept einer Straßenmission überhaupt aufgehen kann. Aber ich unterrichte seit Jahren Theologie und habe Bücher über ›praktiziertes Christentum‹ und die ›Nachfolge Jesu‹ geschrieben, aber nicht einmal darüber nachgedacht, dass *ich* mich ganz praktisch einbringen könnte. Ich war immer davon überzeugt, Gott in der Lehre dienen zu sollen, eben mit dem, wofür ich ausgebildet bin. Aber in letzter Zeit habe ich das Gefühl, ich sollte mich mehr in der Öffentlichkeit engagieren. Das scheint mir eine gute Gelegenheit zu sein.«

Michael Maxwell nickte. »Ich freue mich, dass Sie mit anfassen«, sagte er. »Ich habe schon von ein paar Leuten gehört, dass Sie an die Arbeit, die getan werden muss, mit kühlem Kopf und klarem Verstand herangehen. Und ich nehme an, wir haben Ihnen all die Studenten der Uni zu verdanken, die kommen um uns zu helfen. Viele davon gehören nicht einmal zu unserer Gemeinde.«

Der Rektor der Universität nickte. »Ich habe mit meinen Studenten darüber gesprochen, was wir hier tun, und einige von ihnen zur Mithilfe eingeladen. Ich freue mich, dass sie sich engagieren.«

Über die gemeinsame Anstrengung, die Eröffnung der Mission vorzubereiten, wurde eines Abends in den Nachrichten auf Kanal 5 berichtet:

»Ein ungewöhnlicher Anblick bietet sich in diesen Tagen in der Südstadt von Ashton«, berichtete der junge Reporter. »Ein heruntergekommenes Gebäude an der Chandler Street, Ecke Second Street, wird beinahe über Nacht in eine ›Straßenmission‹ umgewandelt. Sie soll ›Südstadtmission‹ heißen und nächste Woche eröffnet werden. Die Obdachlosen und kriminellen Banden, die in dieser Gegend umherstreifen, sind ziemlich erstaunt über all die gut betuchten Kirchgänger und die Theologie-Studenten der Universität, die ihre Autos unbekümmert vor ausgebrannten Gebäuden parken und mit einem freundlichen Lächeln grüßen.

Bei mir ist jetzt Jenny Paige, deren Immobilienfirma das Gebäude zur Verfügung gestellt hat.«

Die Kamera schwenkte über den frisch gestrichenen Jeffers-Bau, der wie eine Oase zwischen den anderen, verschmutzten und graffitibeschmierten Gebäuden in der Straße stand. Schonungslos wurden die zum Teil stark ausgezehrten Obdachlosen ins Bild gerückt, die schlafend auf ›Betten‹ aus Lumpen auf den Bürgersteigen verstreut lagen. Dann erschien Jenny auf dem Bildschirm.

»In der Mission wird es täglich nach dem Gottesdienst ein Abendessen für bis zu 125 Personen geben«, sagte sie. »Und an die Bedürftigen werden Kleidung und Schuhe verteilt. Bis zu hundert Personen werden einen Platz zum Übernachten erhalten, sich duschen, ihre Wäsche waschen und trocknen und in einem sauberen Bett schlafen können. Außerdem hat sich Dr. Patricia West bereit gefunden, an einem Nachmittag in der Woche eine kostenlose ärztliche Untersuchung anzubieten.«

»Wie wird die Mission finanziert?«

»Wir haben darüber diskutiert, ob wir von verschiedenen Wohltätigkeitsorganisationen Geld nehmen sollen, uns aber dagegen entschieden, weil es dabei zu viele Fallstricke gibt. Im Moment wird die Mission ausschließlich aus privaten Spenden finanziert.

Wir haben bereits Lebensmittel, Geld und Kleidung von über fünfzehn Kirchengemeinden erhalten, darüber hinaus von verschiedenen Einzelpersonen und sogar von einer Pfadfindergruppe. Steuergelder werden nicht verwendet.«

»Gibt es irgendwelche Regeln, wer übernachten darf?«

»Nun, sie müssen schon nüchtern sein«, antwortete Jenny etwas zögernd. »Und um ein Bett zu bekommen, müssen sie am Abendgottesdienst teilnehmen und bereit sein, sich an die ›Hausordnung‹ zu halten – und zum Beispiel Waffen am Eingang abgeben.«

»Glauben Sie, sie werden das machen?«

»Das glaube ich schon. Übrigens werden wir ihnen ihre Sachen zurückgeben, wenn sie wieder gehen. Unser Ziel ist nicht nur, ihnen Essen und Kleidung zu geben und sie zu entwaffnen, sondern wir wollen, dass sich ihr Leben ändert. Wenn das geschieht, ergibt sich der Rest von selbst.«

Der Beitrag endete mit ein paar kurzen Einstellungen von Studenten der Lincoln-Universität, die einige neu eingesetzte Fenster reinigten, während ganz in der Nähe schwarz gekleidete Bandenmitglieder obszöne Gesten in die Kamera machten. So wurde ein harter Kontrast veranschaulicht, der sowohl viel versprechend als auch beunruhigend wirkte.

*

Es war Mittwochabend, zwei Tage vor der geplanten Eröffnung der Südstadtmission, und der Mittwochsgottesdienst in der Baptistengemeinde war ungewöhnlich gut besucht. Als Michael die Leute an der Tür begrüßte, wunderte er sich über die vielen unbekannten Gesichter, die er sah. Es waren viele junge Leute dabei, auch einige Studenten.

Connie Garza kam die Stufen hinauf und strahlte, als sie Michael ihren Mann vorstellte. Epimenio Garza sah ausgezehrt aus, aber er lächelte, als er dem Pfarrer die Hand gab.

»Connie versucht jetzt schon seit Monaten, mich in die Kirche zu bekommen«, sagte er. »Ihr Chef geht hier in den Gottesdienst und ihr hat es auch sehr gut gefallen. Ich schätze, es wurde Zeit, dass ich mal mitkomme.«

Michael grinste. »Schön, dass Sie hier sind. Ich habe fast das Gefühl, Sie schon zu kennen – wir haben bei den Treffen nach dem Sonntagsgottesdienst für Sie gebetet.«

Epimenio nickte verlegen. »Connie hat es mir erzählt. Ich weiß nicht viel über die Kirche, aber Connie sagt, ihr Leute hier hättet ihr wirklich geholfen. In letzter Zeit war alles ziemlich schlimm bei uns.«

Michael schüttelte ihm noch einmal die Hand. Wir sind dabei, wie der Leib Christi zu werden, dachte er aufgeregt. Das ist es, was Kirche sein sollte.

*

Am folgenden Freitagabend wurde die Südstadtmission offiziell eröffnet. Überall in der Gegend waren Plakate geklebt worden, die den ersten Gottesdienst ankündigten, und am späten Nachmittag zog der Appetit anregende Duft von frisch gebackenem Brot und gegrilltem Fleisch durch die Straßen der Innenstadt. Als es auf sechs Uhr zuging und die Eröffnung näher rückte, fand sich eine sehr gemischte Gruppe draußen auf dem Bürgersteig ein. Die verschiedenen Bewohner des Viertels – von offensichtlich betrunkenen älteren Männern über provozierend auftretende Jugendliche bis hin zu erschöpften Frauen mit verhärteten Gesichtszügen – drängten sich um die besten Plätze und sahen einander mit unterschiedlich stark ausgeprägter Feindseligkeit an. Es war eine denkbar explosive Mischung.

Um Punkt sechs Uhr öffneten Jenny Paige und Michael Maxwell die Eingangstüren. Sofort gab es großes Gedränge, aber die Situation beruhigte sich schnell wieder, als die Ersten den »Empfang« erreicht hatten. Lauren Woods und zwei weitere ehrenamtliche Helfer aus der Gemeinde standen hinter einer Theke und erklärten höflich die Hausordnung, nach der jegliche Waffen sowie Alkohol und »Betäubungsmittel« in Schließfächern zu deponieren waren, bevor man hineingehen durfte.

Der erste starrte Lauren wütend an. »Ihr nehmt mir die Flasche weg, während ich esse!«, sagte er vorwurfsvoll. Als Lauren ihm versicherte, er könne den Schlüssel zu seinem Schließfach mitnehmen, zögerte er immer noch, aber schließlich überzeugte ihn der Duft von Lasagne doch hineinzugehen. Zähneknirschend schob er seine kleine Flasche in ein Schließfach und ging in den Speisesaal.

Der Saal war nach dem Vorbild einer Kantine eingerichtet, mit Plastiktabletts und einer Essensausgabe. Unauffällig beobachtete Michael Maxwell die Obdachlosen von der anderen Ecke des Raumes aus. Zum größten Teil waren es Männer, die sich in der Warteschlange bewegten. Die Jüngeren betrachteten das Ganze offensichtlich als Scherz, lachten und machten sich über die »Jesus Freaks« lustig, die so dumm waren, Essen zu verschenken.

»Die kommen sich wohl richtig toll vor, wenn sie uns armen Asozialen helfen«, spottete jemand. »Wir tun denen 'nen großen Gefallen, wenn wir die Scheiße hier essen.« Der Ausdruck, mit dem er die kostenlose Mahlzeit belegte, trug ihm strenge Blicke seitens der ehrenamtlichen Helfer an der Essensausgabe ein.

»Genau«, sagte ein anderer und setzte ein affektiertes Grinsen auf. »Und hast du dir diese Betschwestern mal angeguckt? Ich glaube, die brauchen mal 'nen richtigen Kerl!« Er lehnte sich nach vorn und warf einer älteren ehrenamtlichen Helferin an der Essensausgabe eindeutige Blicke zu. Als er dann noch eine unmissverständliche Geste folgen ließ, schaute sie ihn entsetzt an. Der Mann begann schallend zu lachen und ging weiter.

Michael kamen plötzlich Zweifel. War es vernünftig, die ehrenamtlichen Helferinnen diesen Männern und ihrer ungehobelten Sprache auszusetzen? Die Mission war ein so kleines Licht mitten in einer so großen Dunkelheit. Lohnte es sich wirklich, dieses Risiko einzugehen?

Und dennoch wusste er, dass der Heilige Geist die Kraft besitzt, selbst die verschlossensten Herzen zu erreichen und Egoismus und Hass durch vollkommene Liebe zu ersetzen. Hier ist unser Platz, dachte er entschlossen, bei denselben kranken und verlorenen Menschen, auf die Jesus zugegangen ist.

Um sieben Uhr begann der Gottesdienst in der Kapelle direkt neben dem Speisesaal. Diejenigen, die noch beim Essen waren, blickten erstaunt auf, als sie eine eingängige Melodie hörten, und die meisten gingen in die Kapelle, wo sich schon ungefähr fünfunddreißig Leute versammelt hatten. Jenny Paige saß in der ersten Reihe, gemeinsam mit Dr. West, Daniel Marshall und noch einem halben Dutzend Mitgliedern der Baptistengemeinde, die zum Eröffnungsgottesdienst der Mission gekommen waren. Der Raum füllte sich schnell, als die Nachzügler geräuschvoll hineindrängten.

Als Rachel Wingate die kleine, etwas erhöhte Bühne betrat, schlug ihr sofort eine Welle anzüglicher Pfiffe und betrunkenen Grölens entgegen. Sie machte sich nichts daraus und nahm sich ein Mikrofon, als ihr Begleiter am Klavier die Eröffnung des Liedes spielte, das sie singen würde.

Das Pfeifen und die Zurufe hörten abrupt auf, sobald Rachel zu singen begann:

*Jesus ruft mit lauter Stimme*
*Klar und deutlich »Folge mir«;*
*Ewiges und freies Leben,*
*Das verspricht er mir und dir.*

Das abgebrühte Publikum schien wie gefesselt von der Klarheit und Schönheit ihrer Stimme. Ein alter, weißhaariger Mann begann leise zu schniefen und und fuhr sich mit dem Handrücken über die Augen, während er zuhörte. Einige junge Männer starrten auf den Boden und machten ein besonders finsteres Gesicht, offenbar um zu verhindern, dass man ihnen irgendwelche Gefühlsregungen ansah.

*Völlig ohne mein Verdienst*
*Erlöst mich Jesus von den Sünden,*
*Er will, dass ich zu ihm gehör',*
*Drum will ich seinen Namen künden.*

*Nur Jesus ist der Weg*
*Zu dem, was wir erstreben;*
*Er will in dieser düsteren Welt*
*Uns Trost und Stärke geben.*

Rachel staunte, als Jason Clark hereinkam und sich umsah. Irgendwie hatte sie überhaupt nicht mit ihm gerechnet. Mit einem Mal richtig fröhlich, bat sie die Versammelten aufzustehen und den Refrain mitzusingen:

*Dir gebe ich alles,*
*Was ich habe, gebe ich dir,*
*Dir gebe ich alles,*
*Dein allein möchte ich sein,*
*Dir gebe ich alles, o Jesus, du mein Retter,*
*Mein Beten jetzt und immer, das alles gebe ich dir.*

Als die Musik verklungen war, übergab sie Michael Maxwell das Mikrofon. Während sie leise die Bühne verließ, um sich neben Jason zu setzen, erklang plötzlich eine tiefe Stimme, die laut rief: »Gelobt sei Jesus Christus!« Die Köpfe der Versammelten wandten sich zu dem um, der da sprach: Es war ein großer, kräftiger Mann mit einem zerrissenen Hemd und einer Mütze, der ganz hinten im Raum stand. Er lächelte selig und zeigte dabei etliche Lücken, wo einmal seine Schneidezähne gewesen waren. Im Publikum kam leises Gelächter auf.

In dem Moment aber, als Michael zu sprechen versuchte, breitete sich wieder eine feindselige Atmosphäre aus. Ein grimmiges, beinahe wütendes Gemurmel erfüllte den Raum. Man raunte sich Dinge zu wie: »Pfaffe« ... »große, piekfeine Kirche in der Nordstadt« ... »Gemeinde für Reiche« – und bald wurden daraus lallende Zwischenrufe. »Wir brauchen keinen Bonzenprediger hier in der Südstadt!«, rief jemand, und ein anderer schrie: »Warum bleibt ihr nicht im Norden, wo ihr hingehört?« Ein groß gewachsener, bärtiger Mann rief schallendes Gelächter hervor, als er aufstand, mit lauter, näselnder Stimme »Amazing Grace« zu singen begann und dabei übertrieben gestikulierte. »He, Pfarrer«, rief eine Frau, »weißt du, wir haben uns mit Gott geeinigt: Wir lassen ihn in Ruhe und er lässt uns in Ruhe!«

Michael versuchte für Ordnung zu sorgen, indem er erst seine Hände und dann seine Stimme erhob, aber es hatte keinen Sinn. Die Leute stritten und lärmten und dachten nicht einmal daran zuzuhören. In einer Ecke begannen zwei Männer sich gegenseitig wütend herumzuschubsen.

Schließlich kam Michael von der Bühne herunter und ging zu der kleinen Gruppe seiner Gemeindemitglieder. Auf einem Klappstuhl sitzend, vergrub er das Gesicht in seinen Händen und begann zu beten.

Rachel berührte seine Schulter. »Michael, soll ich noch einmal singen? Vielleicht beruhigt sie das.«

Michael blickte auf, der Verzweiflung nahe. »Danke, Rachel. Vielleicht hören sie wenigstens dir zu.«

Schnell sprang die junge Frau auf und lief über die Stufen zurück auf die Bühne, dicht gefolgt von dem Pianisten. Einen Augenblick später erhob sie ihre klare Stimme noch einmal zu einem Lied:

*Wenn Friede mich begleitet wie ein Fluss,*
*Wenn Schmerz mich ertränkt in einer Flut,*
*Was immer mein Schicksal auch sei,*
*Um meine Seele, sagst du mir, steht es gut.*

Sie hatte kaum mit der ersten Strophe begonnen, da wandten sich ihr die Gesichter der Anwesenden zu, und mit einer Mischung aus Traurigkeit und Nachdenklichkeit konzentrierten sie sich fast unwillkürlich auf Rachels Gesang. Noch bevor sie wieder aufhörte, war die feindselige Stimmung verebbt, die Menge bezähmt. Wie ein wildes Tier, das durch ihren Gesang zutraulich geworden war, lag das Publikum ihr zu Füßen, während ihr Gesicht strahlte.

Ehrfürchtig staunend beobachtete Michael die Verwandlung der wilden Horde und bekam plötzlich eine Ahnung davon, was Jesus tun konnte, wenn er eine Stimme wie Rachels zur Verfügung hatte. Es war eine Gabe, die die Menschen um sie herum anrühren und heilen konnte, die Frieden dorthin brachte, wo Zwietracht herrschte.

Herr Jesus, betete er, hilf Rachel auf dem Weg zu bleiben, auf dem du sie sehen möchtest. Lass in ihrem Leben deine große Liebe aufscheinen.

Ein paar Plätze weiter konzentrierte sich auch Jason Clark ganz auf die Sängerin. Anders als Michael war er sicher, dass Rachel noch nie so schön, so anziehend ausgesehen hatte. Er begann, sich in Gedanken die Zukunft auszumalen, und lächelte voller Zuversicht, als er sich an die Worte erinnerte, die er geschrieben hatte: *»Unsere Stimmen, Körper ... eins.«*

Niemand hatte bemerkt, dass Roger Paige gekommen war und sich unauffällig ganz hinten an die Eingangstür zur Kapelle gestellt hatte. Ganz spontan hatte er sich im »Mardi Gras« entschieden, früher zu gehen, um die Eröffnung der Mission mitzuerleben, von der Rachel und seine Mutter so viel gesprochen hatten. Jetzt, als er beobachtete, wie die junge Sängerin abtrat und Michael Maxwell sich zu der gebändigten Menge umdrehte, sah er wieder diese unbeschreibliche Stärke und das freudevolle Strahlen in den Gesichtern der beiden.

Er zögerte noch einen Augenblick und ging dann genauso unauffällig hinaus, wie er gekommen war. Weder Rachel noch seine Mutter sahen ihn, als er wieder auf die Straße trat und wegfuhr.

Michael stand vorne in dem gut gefüllten Raum und war diesmal etwas ruhiger. Was würde Jesus vor diesem Publikum tun? Christentum musste doch mehr sein als geschmeidiges und »professionelles« Predigen vor einem aufgedonnerten Publikum, das längst bekehrt war. Ging es nicht darum, verlorene, des Lebens überdrüssige Sünder wie diese zur Umkehr zu bewegen? Wie würde er zu diesen Menschen sprechen?

Michael fiel es überhaupt nicht auf, doch das tiefe Mitgefühl, das er empfand, war seinem Gesicht deutlich anzusehen und ließ sein unruhiges Publikum aufmerksam werden. Gestärkt durch den Heiligen Geist sprach er wie nie zuvor von der Liebe Jesu zu den Menschen und von dem erfüllten Leben, das er denen verspricht, die ihm nachfolgen.

Als die Versammlung sich zwei Stunden später auflöste, leerte sich die Kapelle schnell, denn die meisten Südstädter zog es zurück auf die Straße, deren Kinder sie waren. Nur eine Hand voll blieb noch, darunter auch Eddie, ein unfassbar magerer, blasser Jugendlicher, der ein schwarzes Tuch um den Kopf gebunden trug.

Zögernd ging er auf Michael zu. »Kann ich ... heute hier schlafen?«, fragte er. »Oder ... kostet das was?« Seine Sprache war genauso zittrig wie seine Bewegungen, und er fuhr zusammen, als zwei ältere Jugendliche, die auch Tücher trugen, auf ihn zukamen und ihm etwas ins Ohr flüsterten. Es war offensichtlich, dass sie ihn dazu bringen wollten, mit ihnen mitzukommen.

»Du kannst umsonst hier bleiben«, bestätigte Michael. »Bevor du ein Bett bekommst, musst du duschen, und morgen früh musst du um sieben Uhr aufstehen. Wenn du hier bleibst, bekommst du morgens, bevor du gehst, noch ein Frühstück. Du kannst deine Sachen hier waschen und trocknen. Aber wenn du heute Abend noch nach draußen gehst, kommst du nicht wieder rein. Die Türen werden um neun Uhr abgeschlossen.«

Eddie hörte genau zu, warf seinen Kameraden einen nervösen Seitenblick zu und nickte dann zweimal kurz. »Okay«, sagte er. »Okay, ich bleibe.« Nach einigen gezischten Bemerkungen stürmten seine Freunde nach draußen.

Man konnte sehen, wie Eddies Hände zitterten, als er sich wieder Michael zuwandte und nach den richtigen Worten suchte. »Ich ... ich will nichts ... mehr mit diesen ... zu tun ... haben.« Er brachte die Worte nur mit Mühe hervor. Dr. West war nach dem Gottesdienst noch dageblieben und hatte das Gespräch mit angehört. Jetzt sagte sie leise: »Sehen Sie sich seinen Arm an. Deshalb zittert er so stark.« Die Unterarme des Jugendlichen waren voller Einstichlöcher. Sie stellte sich direkt neben Eddie. »Wie alt bist du, Junge?«

Der Junge schaute sie an und senkte dann seinen Blick. »Fünfzehn«, murmelte er. Dr. West warf Michael einen finsteren Blick zu. Auf der Straße und drogenabhängig – mit fünfzehn!

Entschlossen sagte sie zu dem Pastor: »Er braucht ärztliche Hilfe und intensive Beobachtung, aber ich habe hier erst Ende nächster Woche wieder Dienst. Glauben Sie, jemand könnte ihn morgen früh sofort in meine Sprechstunde bringen?«

»Das lässt sich bestimmt einrichten, sofern er damit einverstanden ist. Vielen Dank, dass Sie heute Abend hier waren, Dr. West.«

»Das konnte ich mir doch wohl nicht entgehen lassen«, sagte sie fröhlich. »Bis demnächst.«

Als Michael an diesem Abend um kurz vor zehn ging, hatten sich weniger als ein Dutzend Personen für eine Übernachtung im Männerschlafsaal gemeldet – ausgelegt war er für über siebzig –, und Frauen waren unter denen, die bleiben wollten, überhaupt nicht vertreten. Auch war niemand auf das Angebot eingegangen, nach dem Gottesdienst mit ihm zu sprechen.

Auf der Autofahrt durch die dunklen Straßen dachte Michael über die Ereignisse dieses Abends nach. Seine Enttäuschung wurde gemildert durch den Gedanken an Eddies erstauntes Gesicht, als er hörte, dass die »Frau Doktor« ihm kostenlos helfen würde, und an die Dankbarkeit eines gebrechlichen alten Mannes für ein sauberes Handtuch. Der Winter rückte näher, und bald würden sich die Obdachlosen um brennende Abfallhaufen scharen, damit ihnen warm wurde. Die Südstadtmission könnte ein wirklicher Rettungsanker für die am meisten Gefährdeten sein – die ganz Alten und die ganz Jungen.

Er bog gerade um eine Häuserecke, als er ein stark geschminktes Mädchen wieder erkannte, das auch beim Gottesdienst gewesen war. Die vielleicht Dreizehnjährige wirkte älter, als sie war. Jetzt sprach sie mit einem älteren Mann mit Halbglatze, der in einem roten Porsche saß. Während er sie beobachtete, ging sie um das Auto herum, stieg ein und glättete gekonnt ihren engen Rock. Kurz darauf waren die beiden in der Dunkelheit verschwunden.

Michael verließ fast der Mut, als er darüber nachdachte, dass dieses und viele andere Kinder mit Prostitution ihr Geld für Drogen verdienten. Lieber Gott, betete er leise, dieser Ort ist wie ein eiterndes Geschwür. Zeige mir, wie ich diese Menschen mit deiner Liebe erreichen kann.

*

Nachdem der Gottesdienst an diesem Abend zu Ende war, hatte Jason Rachel gefragt, ob er sie nach Hause fahren solle. Weil sie schon am frühen Nachmittag gemeinsam mit Jenny gekommen war, stand ihr eigenes Auto bei ihr zu Hause. Dankbar nahm sie das Angebot an.

Rachel war ungewöhnlich still, als sie durch die dunklen Straßen der Stadt fuhren. Jason legte seinen Arm um sie und zog sie sanft zu sich herüber.

»Komm mal her«, sagte er. »In der letzten Zeit habe ich nicht viel von dir gehabt, wegen dieser ganzen Sache mit der Mission. Vermisst du mich gar nicht?«

Rachel lockerte ihren Sicherheitsgurt und lehnte sich zu ihm hinüber. Dann legte sie ihren Kopf auf seine Schulter und atmete frei und unbeschwert durch. »Natürlich vermisse ich dich. Ich habe mich total gefreut, dass du heute Abend gekommen bist, Jason. Ich hatte nicht mit dir gerechnet.«

Er musste lachen. »Nun ja, ich hätte mir für einen Freitagabend etwas Spannenderes vorstellen können, aber *du* warst ja da ...«

Seine Worte verloren sich, als er sich zu Rachel herunterbeugte und seine Lippen ihre Wange streiften. »Als ich hereinkam und dich mitten unter all diesen verdreckten Leuten habe singen sehen, war das, als fände man zufällig einen Diamanten auf – auf einer Müllhalde. Ich wollte dich aus diesem hässlichen Loch so schnell wie möglich herausholen und –«

Spontan hielt er mitten auf einer unbefahrenen Straße an und zog sie ganz nahe zu sich heran. Aber in dem Moment, als sich seine Lippen auf ihre zubewegten, spürte er, wie sie sich in seinen Armen verkrampfte. Unangenehm überrascht setzte er sich wieder gerade hin und schaute sie an.

»Was ist los mit dir?«, fragte er verärgert. »Ich dachte, du hättest gesagt, dass du mich vermisst hast!«

Rachel sah unglücklich aus. »Das hab ich auch, Jason«, sagte sie. »Ich bin jetzt einfach nicht für so was zu haben, glaube ich.«

Ruckartig legte er den ersten Gang ein und gab wieder Gas. Während er viel zu schnell durch die dunklen Straßen fuhr, musterte Rachel nachdenklich das Profil seines wütenden Gesichtes.

»Hast du dir diese Menschen heute Abend überhaupt einmal angesehen?«, fragte sie schließlich. »Hast du für sie überhaupt nichts *empfunden*, außer zu sehen, dass sie ›verdreckt‹ sind? Viele von denen leben auf der Straße, Jason, sie schlafen buchstäblich auf dem Bürgersteig. Einige leiden am Borderline-Syndrom, sind praktisch psychisch krank und unfähig, für sich selbst zu sorgen. Sie brauchen Hilfe und eine Hoffnung – und vor allem müssen sie wissen, wer Jesus ist.«

Jason warf ihr einen kurzen Seitenblick zu, der sie plötzlich verlegen machte. In seinen Ohren mussten sich ihre leidenschaftlichen Worte reichlich naiv angehört haben.

»Du hast dich da wirklich ganz schön in etwas hineingesteigert, nicht wahr?«, fragte er. »Du bist irgendwie ganz anders in letzter Zeit. Ich weiß nicht einmal mehr, ob ich dich wirklich noch kenne.«

Sie sah ihn wieder an, unfähig zu einer Antwort. Du hast dich auch verändert, dachte sie. Oder vielleicht sehe ich dich jetzt in einem anderen Licht.

Für den Rest der Heimfahrt saßen sie unangenehm schweigend nebeneinander. Als sie schließlich vor Rachels Wohnung angekommen waren, stieg Jason aus und begleitete sie zur Tür.

»Hör zu«, sagte er ganz unvermittelt und legte seine Hände auf ihre Schultern. »Es tut mir Leid, ja? In letzter Zeit scheint alles, was ich sage, falsch zu sein. Ich wollte nicht, dass du dich aufregst.« Er machte auf einmal ein versöhnliches Gesicht und sein Ton versuchte zu überzeugen. »Können wir nicht einfach alles vergessen und so weitermachen wie bisher? Ich habe für deinen Geburtstag morgen eine große Überraschung vorbereitet und ich möchte nicht, dass sie durch ein albernes Missverständnis verdorben wird. Du weißt, ich würde nie mit Absicht etwas tun, was dich kränkt oder ärgert.«

Er berührte ihr Kinn und hob ihren Kopf nach oben, so dass sie in seine Augen sehen musste. »Verzeihst du mir?«, fragte er reumütig.

Sein jungenhaftes Grinsen und seine reuevolle Art ließen sie unwillkürlich lächeln. »Okay, okay«, sagte sie, während sie sich auf die Zehenspitzen stellte, um ihm schnell einen Versöhnungskuss auf die Wange zu drücken. »Und ich habe mich *wirklich* gefreut, dass du heute Abend gekommen bist. Wann holst du mich morgen ab?«

»Um fünf bin ich bei dir.« Er zog sie zu sich heran, um sie lange und zärtlich zu umarmen, dann ließ er sie langsam los und warf ihr einen so verliebten Blick zu, dass sie ganz rot wurde.

»Bis dann«, sagte er leise.

Rachel winkte ihm zu, als er wegfuhr. Dann ging sie hinein und verriegelte die Tür. Aber als sie in ihrer Wohnung herumlief, geistesabwesend Zeitschriften sortierte und eine gebrauchte Tasse in die Küche brachte, beschlich sie langsam wieder das leichte Unwohlsein, das sie im Auto gespürt hatte. Was hatte Jason an sich, das sie so beunruhigte? Sie liebte ihn und wollte den Rest ihres Lebens mit ihm verbringen – oder nicht?

Sie holte eine saubere Tasse aus dem Wandschrank, ging ans Spülbecken, drehte den Wasserhahn auf und ließ das Wasser über ihre Finger laufen, während sie wartete, bis es warm wurde. Sie hoffte, ein bisschen Abschalten und eine Tasse heißer Tee würden ihr helfen, die Dinge klarer zu sehen.

In Gedanken verloren merkte sie nicht, wie schnell das Wasser heiß wurde. Als sie »Aua!« schrie und ihre Hand noch rechtzeitig zurückziehen wollte, waren ihre Finger schon verbrüht. Sofort traten ihr Tränen in die Augen – aber nicht nur wegen der Schmerzen. Während sie sich ein Spültuch um die Hand wickelte, ging sie in ihr Zimmer zurück und setzte sich auf die Bettkante.

Oh, Jason, dachte sie, während die Tränen über ihre Wangen liefen, ich liebe dich. Warum bringst du mich so durcheinander?

# 15

Das Treffen nach dem Sonntagsgottesdienst war besser besucht als je zuvor, und das trotz des schlechten Wetters. Der Herbst nahte, und das satte Sommergrün verwandelte sich langsam in herbstliche Brauntöne. Die Luft war feucht und kühl.

Im Inneren der Kirche standen die Leute noch herum und begrüßten sich gegenseitig. Alex und Cheryl Powell unterhielten sich mit einem älteren Ehepaar, das zum ersten Mal teilnahm. Lauren Woods und Terri Bannister standen nahe der Kanzel dicht beieinander und plauderten angeregt. Terris Mann Ray war an diesem Morgen zum ersten Mal mit ihr und den Kindern in die Kirche gegangen, deshalb würde sie früher gehen. Jason hatte seinen Arm Besitz ergreifend um Rachel gelegt, während sie mit Kim Newton über einige von Teds neuesten Ideen für Kanal 5 diskutierte. Cliff Bright und Jenny Paige machten sehr ernste Gesichter und schienen in ein wichtiges Gespräch vertieft zu sein.

Als Michael das Treffen offiziell eröffnete, fanden alle schnell einen Sitzplatz. Erst sprach Daniel Marshall ein Gebet, dann berichtete Michael über den ersten Gottesdienst in der Südstadtmission.

»Ich glaube, die meisten von uns, die Freitagabend dort waren, haben Dinge gesehen und gehört, die uns unangenehm waren«, sagte er. »Aber ich denke, wir sind uns auch der Probleme, die es in der Südstadt gibt, viel stärker bewusst geworden. Viele der jungen Menschen in dieser Gegend sind durch das soziale Netz gefallen. Sie sind entweder von zu Hause weggelaufen oder von prügelnden Eltern hinausgeworfen worden. Und dann sind sie zu den einzigen Leuten gegangen, die sich für sie interessierten – zu den Zuhältern und Drogendealern. Andere wiederum haben sich Banden angeschlossen, die die Straßen unsicher machen.

Ich habe mich ausführlich mit einem fünfzehnjährigen Jungen namens Eddie unterhalten, der seit über einem Jahr der ›Second-Street-Bande‹ angehört. Einige ihrer Mitglieder waren am Freitagabend in der Mission, um zu essen und Ärger zu machen, aber Eddie ist schließlich über Nacht geblieben. Seit gestern ist er Patient von Dr. West und hat mit dem Drogenentzug begonnen.«

Michael lächelte zu Patricia West hinüber. »Eddie hat niemanden, der ihm bisher etwas von Jesus erzählt hat, aber Dr. West sagte mir, dass er viele Fragen gestellt hat.«

Terri Bannister hob die Hand. »Wie viele der Südstädter haben am Freitag von dem Angebot Gebrauch gemacht und mit Ihnen gesprochen?«

»Weder am Freitag noch am Samstag hat sich jemand gemeldet«, gab Michael zu. »Aber ich denke, wir sollten uns dadurch nicht entmutigen lassen. Die Südstadt ist seit langem eine Hochburg des Elends und der Kriminalität, und es wird wahrscheinlich noch eine Weile dauern, daran etwas zu ändern. Aber ich habe heute mit Pastor Snyder von der lutherischen Gemeinde draußen in Ashton Park gesprochen – er hat gestern in der Mission gepredigt – und er sagte, zwei der Männer, die letzte Nacht dageblieben sind, seien zum Glauben gekommen.«

Freudig erregtes Murmeln wurde laut. Michael wartete, bis es verebbt war.

»Wir müssen im Gebet an die Arbeit der Südstadtmission denken«, sagte er. »Ich habe mich bereit erklärt, in den nächsten drei Monaten während der Freitagabendgottesdienste zu predigen, aber Jenny hat mir gesagt, dass noch freiwillige Helfer benötigt werden, die unter der Woche bei einigen Küchen- und Reinigungsarbeiten und bei der Beratung helfen. Bis jetzt gibt es nur drei feste Mitarbeiter.«

Dann machte er eine Pause und schaute sich um, bis er Rachel und Jason ausgemacht hatte. »Und nun«, sagte er, »sind hier, glaube ich, zwei Menschen, die uns ganz aufregende Neuigkeiten zu berichten haben. Jason? Rachel?«

Verlegen lächelnd erhob sich das junge Paar und wandte sich den Versammelten zu. Jason blickte strahlend Rachel an und nahm ihre linke Hand in seine.

»Gestern Abend habe ich Rachel in ein nettes Restaurant eingeladen, damit wir ihren Geburtstag feiern können«, sagte er. »Und nach dem Essen habe ich Rosen an unseren Tisch bringen lassen. Während sie noch lauter Blumen in ihren Armen hielt, bin ich vor allen Leuten auf die Knie gefallen und habe sie gefragt, ob sie mich heiraten will.«

Ein Raunen ging durch die Menge, das sich zustimmend und zufrieden anhörte, und ein paar Leute lachten. Stolz hob Jason Rachels Hand in die Höhe, damit man den funkelnden Diamantring an ihrem Finger sah.

»Sie hat wahrscheinlich nur Ja gesagt, damit ich mich nicht lächerlich machte«, sagte er bescheiden, »aber jetzt gehören wir wirklich zusammen. Da wir nun schon fast ein Jahr lang Heiratspläne geschmiedet haben, wollen wir es jetzt nicht mehr allzu lange aufschieben. Wir haben die Hochzeit einmal vorsichtig für den Dezember geplant und würden uns freuen, wenn ihr alle dabei wärt.«

Dieses Mal gab es Applaus und Glückwünsche. Nur Jenny Paige, die Rachel ganz genau beobachtete, bemerkte einen flüchtigen Ausdruck – war es Zweifel? –, der Rachels hübsches Gesicht überschattete. Im nächsten Augenblick jedoch, als Rachel zu Jason hinauflächelte, sah sie so strahlend glücklich aus, wie man es von einer frisch verlobten jungen Frau erwartet.

Nachdem sie sich hingesetzt hatten, stand Ted Newton auf, um von einer neuen Serie im Lokalprogramm mit dem Titel »Helden wie du und ich« zu berichten, die der Sender WFBB demnächst ausstrahlen würde.

»Die Serie wird ähnlich sein wie die *Reality-TV*-Sendungen, die im Moment so beliebt sind, aber in eine andere Richtung gehen«, sagte er. »Anstatt professionelle Rettungsmannschaften bei der Arbeit zu zeigen, wird man ganz gewöhnliche Menschen sehen, die in einer Gefahrensituation bereit waren, für einen Fremden ihr Leben zu riskieren – so wie der Mann, der letztes Jahr in Chicago einer Frau geholfen hat, die von zwei bewaffneten Räubern überfallen wurde, oder die zwei Oberschüler, die in einen reißenden Fluss gesprungen sind, um ein Kleinkind zu retten, das in einem sinkenden Auto eingeschlossen war. Gewöhnliche Menschen, die außergewöhnliche Dinge tun – oder, christlich gesprochen, die das tun, was sie wollen, das ihnen die Leute tun. Es wird keine ausgesprochen religiöse Sendung sein, aber im Leben vieler dieser ›Helden‹ scheint der christliche Glaube eine große Rolle zu spielen. Zumindest wird es eine die Menschen ermutigende und anspornende Serie werden und gute Meldungen in einer Welt der schlechten Nachrichten verbreiten.«

Nachdem Ted sich hingesetzt hatte, meinte Michael dazu: »Also, das klingt ja ganz so, als ob Gott wirklich im Leben der Menschen Einzug hielte. Möchte sonst noch jemand etwas sagen, bevor wir für heute Schluss machen? Eine Bitte um Gebet oder noch ein Erfahrungsbericht?«

Jenny schaute Cliff Bright eindringlich an. Der Einzelhandelsunternehmer atmete tief durch und stand dann langsam auf.

»Nach all diesen tollen Neuigkeiten scheue ich mich, etwas zu sagen«, begann er, »aber ich fürchte, es muss sein. Erinnern Sie sich, ich hatte letzten Monat erwähnt, dass ich wegen der Umsatzeinbußen, die meine Firma aufgrund meiner Entscheidungen erlitten hat, möglicherweise mehrere Geschäfte schließen muss. Ich weiß, dass viele von Ihnen sich seitdem fest vorgenommen haben, bei Mr B einzukaufen, und ich bin Ihnen wirklich dankbar für Ihre Bemühungen, doch leider reichen diese immer noch nicht aus. Nächste Woche werden meine Geschäfte in der Ray Street und der Sunset Street schließen.«

Auf diese Ankündigung folgte für einen Moment erstauntes Schweigen. Mehrere Leute drehten sich um und schauten zu Connie Garza herüber, von der man wusste, dass sie bei Mr B arbeitete. Sie schüttelte den Kopf. Ihr Geschäft war nicht unter denen, die geschlossen wurden.

Cliff berichtete weiter. »Ich hoffe, dass ich durch die Verkleinerung weitere Schließungen von Filialen verhindern kann. Aber ich muss Ihnen sagen –« Seine Stimme verließ ihn, und er musste sich räuspern und einen Moment warten, bevor er weitersprechen konnte. »Ich muss Ihnen sagen, dass dies alles sehr schwierig gewesen ist. Meine Frau versteht überhaupt nicht, warum ich das mache und sie – sie –«

Dieses Mal brauchte er länger, um die Fassung wiederzugewinnen. Als er so dastand, den kahlen Kopf halb gebeugt, kam Michael zu ihm herüber und legte eine Hand auf seine Schulter. Alex Powell und Daniel Marshall traten ebenfalls sofort an seine Seite. Als der Ladenbesitzer wieder aufblickte, war er von Menschen umringt, die ihn unterstützen wollten.

»Cliff«, sagte Michael, »ich weiß nicht, was ich sagen soll. Ich wünschte, ich könnte zu deinem Problem etwas sagen, das alles leichter macht, aber ich kann nicht. Können wir einfach nur für dich und für deine Frau beten?«

Cliff nickte, ohne etwas zu sagen. Michael, dessen Hand immer noch auf Cliffs Schulter ruhte, schloss die Augen und senkte den Kopf.

»Herr, wir wissen, dass du in unserer Mitte bist und dass du all die Rückschläge ganz genau kennst, die Cliff bei dem Versuch erdulden muss, sein Versprechen zu halten und dir nachzufolgen. Wir verstehen nicht, warum seine Ehrlichkeit im Geschäftsleben offensichtlich zum Misserfolg geführt hat und warum seine Entscheidung für dich so viel Schmerz und Zwietracht in sein Haus gebracht hat. Aber wie auch immer es aussehen mag, wir wissen, dass du ein guter und liebender Vater bist, der alle Dinge zu einem guten Ende führt. Herr Jesus, bitte lass alles für Cliff und Elizabeth gut ausgehen.«

Für einen Augenblick herrschte Stille, dann setzte Alex Powells tiefe Stimme das Gebet leise fort: »Guter Gott, wir wollen unserem Bruder in dieser schwierigen Zeit beistehen. Bitte schenke ihm deine Stärke und deinen Frieden in den kommenden Tagen und Wochen, und zeige uns anderen, wie wir ihm helfen können.«

Nach und nach ergriffen noch verschiedene andere das Wort, um Gott um seinen Frieden und seinen Segen für Cliff zu bitten. Der Geist Gottes war fast greifbar im Raum gegenwärtig, und als das Gebet zu Ende war, gingen die Menschen, die so unterschiedlich waren, nach Hause, verbunden durch ein unsichtbares Band, das immer stärker wurde.

*

Der September ging in den Oktober über, das Laub fiel von den Bäumen und es wurde kalt. In der Südstadt richteten sich die Armen und Obdachlosen auf einen langen, harten Winter ein.

Aber in diesem Jahr machte eine Neuigkeit langsam auf der Straße die Runde: Es gab jetzt die Südstadtmission, einen sicheren Ort, wo man Essen, Kleidung und ärztliche Hilfe bekam. In den drei Wochen seit der Eröffnung war die Anzahl derer, die in der Mission übernachteten, von einem knappen Dutzend auf über fünfzig pro Nacht gestiegen, und siebzehn Männer und zwei Frauen hatten sich entschieden, Jesus nachzufolgen. Der für Frauen vorgesehene Bereich blieb jedoch immer noch zum größten Teil leer, und mehr als ein Drittel der gerade erst Bekehrten lebte schon bald wieder auf der Straße und war nicht mehr erreichbar. Alle waren traurig darüber, dass auch der junge Eddie dazugehörte.

An diesem Freitagabend war der Speisesaal bis auf den letzten Platz mit Menschen besetzt, die der erste Schneefall des Winterhalbjahres hereingetrieben hatte. Michael Maxwell registrierte viele unbekannte Gesichter, doch er hatte bereits genug gelernt, um nicht direkt auf sie zuzugehen. Die Südstädter waren aus gutem Grund misstrauisch.

Was der Geistliche auch gelernt hatte, war, nicht in Anzug und Krawatte zu erscheinen. Heute Abend trug er Jeans, Turnschuhe und einen Pullover. Am Anfang hatte er sich komisch und unwohl gefühlt, in so einem lässigen Aufzug zu predigen, aber schließlich hatte er sich die Einstellung des Apostels Paulus zu Eigen gemacht, einer von ihnen zu sein, wenn er zu den Menschen dort sprach.

Während er sich durch die Menge bewegte, begrüßte er einige der »Stammgäste« herzlich. »Hallo, Nick«, sagte er zu einem sehr kleinen älteren Mann, der ein wenig wie ein Vogel aussah und sich mit seinem Teller Lasagne in eine Ecke verkrochen hatte.

Nick blickte zu ihm auf, und ein Lächeln hellte das graue Gesicht auf. »Hallo, Hochwürden«, antwortete er. Michael grinste und schüttelte den Kopf. Nick, der geistig etwas zurückgeblieben war, hatte eine katholische Erziehung genossen, und auch die ausführlichsten Erklärungen konnten ihn nicht von seiner Gewohnheit abbringen, Michael als »Hochwürden« zu bezeichnen.

Es waren mehr Frauen gekommen als üblich, und es waren sowohl die älteren »Berber«-Frauen vertreten als auch einige der vielen Prostituierten, die es in dem Viertel gab. Es muss die Kälte sein, die sie hierher treibt, dachte Michael. Vielleicht sollten wir für einen langen Winter beten!

Um halb acht begann der Abendgottesdienst. Als Rachel diesmal behende auf die Bühne trat und dem Pianisten ein Zeichen gab, hörte sie nur wenige Pfiffe und anzügliche Zurufe. Die Störenfriede wurden von denen, die um sie herum saßen, rasch zur

Ruhe gebracht, als Rachel zum Mikrofon griff. Während der letzten Wochen, in denen sie zum Singen gekommen war, hatten die Südstädter immer mehr Respekt vor Rachel bekommen und waren beeindruckt von der selbstlosen Art, mit der sie ihre Zeit und ihr Talent zur Verfügung stellte.

Sie begann den Gottesdienst heute Abend mit einem beschwingten Lied, das »Plötzlich die Ewigkeit« hieß.

*Wir alle gehen durch das Leben,*
*Als ob es hier für immer wär',*
*Versuchen, Dinge anzustreben,*
*Jeden Tag von früh bis spät.*

*Wir alle glauben, irgendwann*
*Wird noch Zeit sein umzukehr'n.*
*Doch dann naht ein Ruf heran,*
*Der kam wie ein Dieb in der Nacht.*

*Und plötzlich die Ewigkeit! Die Pläne sind dahin.*
*Und plötzlich die Ewigkeit! Das Leben hat nun Sinn.*
*Und plötzlich die Ewigkeit! Was du bist, das darfst du sein.*
*Es ist nicht mehr die Erdenzeit –*
*ganz plötzlich ist es Ewigkeit!*

Während die Südstädter zuhörten, konnte man ihre unterschiedlichen Reaktionen gut beobachten. Eine Frau Mitte dreißig, die eine enge schwarze Jacke trug, sah betroffen aus, als würde sie sich gerade ihre Zukunft ausmalen; ein etwas älterer Mann starrte mit leerem Blick auf seine eigenen Hände. Rachel begann mit der zweiten Strophe:

*Doch wenn wir das Leben leben,*
*Als ob jeder Tag der letzte wär',*
*Wenn wir uns ganz ihm hingeben,*
*Fest im Glauben ihm vertrau'n,*

*Dann kann der Tag ruhig kommen,*
*Da wir verlassen diese Welt,*
*Dann wird uns nichts weggenommen,*
*Wenn einst diese Stunde kommt.*

Als sie den Refrain zum zweiten Mal gesungen hatte, war jeder Einzelne der Zuhörer völlig aufmerksam. Als Michael dann aufstand, um zu den Leuten zu sprechen, spürte er sofort, dass heute Abend etwas anders war. Das sonst so chaotische Publikum war genauso still, wie er es von seiner reichen und gebildeten Baptistengemeinde gewohnt war.

An diesem Freitagabend spielten sich Szenen ab, die zu dem Bemerkenswertesten gehörten, das er und die kleine Gruppe von Gemeindemitgliedern je gesehen hatte. Obwohl seine einfache Botschaft von Gottes Liebe und Vergebung nichts besonders Neues war, berührte sie die Zuhörer heute auf eine unerklärliche Weise, als der Heilige Geist den Raum erfüllte. Als Rachel sich schließlich von ihrem Platz erhob und zu singen begann, standen die Südstädter auf und kamen nach vorn zur Bühne, ganz so, als hätten sie sich abgesprochen.

*Leise und liebevoll ruft Jesus uns zu sich,*
*Mit sanfter Stimme ruft er dich und mich.*
*Sieh, er hält Ausschau an der Himmelstür,*
*Ausschau hält er dort nach dir und mir.*

*Komm in deine Heimat, komm zurück zu mir!*
*Ihr, die ihr mühsam seid, kommt alle heim.*
*Ehrlich und liebevoll ruft Jesus uns zu sich,*
*Ruft die Sünder alle und auch dich.*

Michael sagte kaum ein Wort. Er streckte seine Hand zu einer einladenden Geste aus und wartete, bis alle, die unsicheren Schrittes nach vorn gekommen waren, im Halbkreis um ihn herumstanden. Während er zu ihnen trat um zu beten, sah er, wie sich auf einmal ein gut gekleideter junger Mann seinen Weg durch die Menge bahnte und sich vorne mitten zwischen die Südstädter in ihren zerrissenen und dreckigen Kleidern stellte. Michael starrte ihn verblüfft an, als er ihn erkannte. Es war Roger Paige.

*

Der Gottesdienst dauerte fast zwei Stunden. Michael blieb noch bis weit nach Mitternacht auf, um mit den Menschen zu sprechen und zu beten. Viele waren von dem Erlebnis des Abends noch ganz aufgewühlt und suchten seine Nähe, als ob ihr Überleben von seiner körperlichen Anwesenheit abhinge. Roger Paige war einer von denen, die dablieben.

Rachel hatte kurz mit Roger gesprochen, bevor sie mit Jason weggegangen war. Die Freude stand ihr ins Gesicht geschrieben, als sie auf ihn zuging und ihm beide Hände entgegenstreckte.

»Ich freue mich so sehr für dich«, sagte sie und ihre Augen strahlten. »Deine Mutter und ich haben so oft für dich gebetet.«

Ein wenig verlegen nahm Roger ihre Hände und drückte sie. »Danke«, flüsterte er. »Ich weiß gar nicht recht, warum ich so lange vor Gott weggelaufen bin. Wahrscheinlich war es einfach Sturheit.«

Er schaute zu seiner Mutter hinüber, die mit einer jungen Frau ein seelsorgerliches Gespräch führte. Als sie spürte, dass sie beobachtet wurde, blickte sie auf, und die Erschöpfung in ihrem Gesichtsausdruck wich der Freude beim Anblick seiner Gegenwart. Er lächelte sie an, bevor er sich wieder Rachel zuwandte.

»Du und Mama – ihr habt mich wirklich beeindruckt«, sagte er. »An dem Abend bei uns zu Hause, als ihr über die Mission gesprochen habt, schien alles auf einmal so – echt. Ihr wart beide so glücklich! Ich konnte das überhaupt nicht nachvollziehen.« Er musste plötzlich lachen, und sein Gesicht strahlte vor neuer Freude. »Ich glaube, jetzt weiß ich, was für euch so spannend war.«

Rachel musste schmunzeln, und dann machte sie spontan einen Schritt nach vorn, um Roger zu umarmen. Sie war völlig konsterniert, als Jason herbeigestürmt kam, um sie daran zu hindern.

»He, was soll das?«, sagte er halb scherzhaft, halb ernst und legte seinen Arm Besitz ergreifend um ihre Schultern. »Such dir eine eigene Frau, Paige. Die hier gehört mir.«

Rachel schämte sich für seine Worte. »Hör auf, Jason! Ich wollte ihm nur gratulieren. Er hat heute Abend Jesus gefunden! Ist das nicht großartig?«

»Ja, klar ist das großartig.« Er zögerte noch einen Augenblick und streckte dann seine Hand aus. Roger schüttelte sie herzlich.

Unvermittelt wandte Jason sich wieder Rachel zu. »Wir müssen jetzt wirklich gehen. Bist du so weit?«

»Ich denke schon. Sehen wir uns am Sonntag in der Kirche, Roger?«

Roger nickte. »Klar, wir sehen uns.«

Erst als sie im Auto saßen, fragte Jason lakonisch: »Warum hast du das gemacht?«

Rachel guckte ihn erstaunt an. »Warum habe ich *was* gemacht?«

»Roger so angegrabscht. Du bist schließlich mit *mir* verlobt. Es wäre nett, wenn du dich langsam so verhalten würdest.«

Völlig verblüfft starrte Rachel zu ihm herüber. »Wovon redest du überhaupt? Hast du überhaupt gemerkt, was da heute Abend passiert ist? Hast du nicht gespürt, wie Gott gewirkt hat? Das war das Gewaltigste, Ehrfurcht erregendste –«

Für einen Augenblick fehlten ihr die Worte. Wie konnte er in demselben Raum gesessen haben, mit angesehen haben, wie das Leben all dieser Menschen sich völlig verwandelt hatte, und davon völlig ungerührt geblieben sein?

In Gedanken führte sie sich noch einmal die Szenen vor Augen, deren Zeugin sie an diesem Abend geworden war, und die leuchtenden Gesichter um sie herum. Sie sah auch Roger Paige vor sich, wie er mitten zwischen den Menschen stand, die Jason einmal als »Müll« bezeichnet hatte. Diese Gesichter – Männer und Frauen, die zum ersten Mal von der Herrlichkeit des Heiligen Geistes ergriffen worden waren!

Als sie Jasons versteinerte Miene im Profil betrachtete, wurde Rachel mit einem Mal ebenso deutlich wie schmerzhaft bewusst, dass sie in diesem Moment ganz allein war, dass etwas wie eine Mauer zwischen ihr und Jason stand. Die ganze Zeit hatte sie aus tiefstem Herzen gesungen, und ihn hatte es völlig kalt gelassen. Das Einzige, was er empfunden hatte, war sein Wunsch, ihr nahe zu sein. Unwillkürlich drehte sie an dem Diamantring, der an ihrem schlanken Finger steckte. Sie fühlte sich plötzlich in die Ecke gedrängt. »Fahr mich nach Hause«, sagte sie. »Jetzt gleich.«

# 16

Als sie wieder in ihrer Wohnung war, vergaß Rachel beinahe, Jason eine gute Nacht zu wünschen. Rastlos ging sie umher und versuchte vergeblich, sich über ihre widerstreitenden Gefühle Klarheit zu verschaffen.

Liebte sie ihn wirklich? Hatte sie ihn jemals geliebt? Ja. Nein. »Ich weiß es nicht!«, sagte sie schließlich leise vor sich hin. Dann hielt sie inne, erschrocken über ihre eigenen Worte.

Sie ließ sich auf das Sofa fallen und schlang die Arme um ihre angewinkelten Beine, während ihr Tränen über die Wangen liefen. Was war bloß los mit ihr? Jason sah gut aus, hatte Stil, war der perfekte Partner. Wenn sie mit ihm zusammen war, gab er ihr das Gefühl, dass alles in ihrem Leben seine Richtigkeit hatte.

Aber gerade das ist ein Teil des Problems, dachte sie und erinnerte sich daran, wie sehr er sie dazu gedrängt hatte, die Rolle in dem Film anzunehmen, auch wenn sie dafür bei ihren Moralvorstellungen »vorübergehend« Kompromisse hätte machen müssen. Als er es ihr erklärt hatte, schien es seine Richtigkeit zu haben – und war doch völlig falsch!

Mit diesem Gedanken im Kopf ging sie zu ihrer Stereoanlage und legte eine Cassette mit von Hand beschrifteten Aufklebern in das Cassettendeck ein. Als die Musik zu spielen begann, setzte sie sich wieder auf das Sofa, lehnte sich zurück und hörte mit geschlossenen Augen zu.

*Ein süßer Duft erfüllt den Raum.*
*Und deine Augen sagen mir:*
*Wir träumen doch den gleichen Traum ...*

Während Jasons sanfte Tenorstimme jene Worte sang, die sie so elektrisiert hatten, als er sie das erste Mal gesungen hatte, wurde ihr bewusst, wie gleichgültig sie ihr jetzt waren. Warum berührte sie das Lied nicht?

*Du ziehst mich an, ich liebe dich*
*Mit allen Fasern meines Seins ...*

Plötzlich sprang Rachel auf und schlug heftig auf die Stopptaste. Dann stand sie wie versteinert da, völlig in Gedanken.

Was bedeutete Jason ihr wirklich – und umgekehrt? Es war keine Frage, dass er sie anzog, ja, sie war immer noch in ihn verliebt. Aber besaß er außer Gewandtheit und Humor auch die innere Stärke und Entschlossenheit eines Menschen, der wirklich auf Gott vertraut? Und das Allerwichtigste war: Hatte sie genug Respekt vor ihm, um ihm ihr Vertrauen zu schenken und ihr Leben mit ihm zu teilen?

»Nein. Nein!«, sagte sie laut, und mit diesen Worten, das wusste sie, war die Entscheidung gefallen.

Aber dieses Bewusstsein brachte sofort ein ganzes Bündel beunruhigender Gedanken hervor. Sie hatten zusammen schon so viele Pläne gemacht – die Wohnzimmereinrichtung ausgesucht, sich ausgemalt, was für eine Art Haus sie kaufen würden, und sogar den »ersten paar Kindern« schon Namen gegeben. Sie konnte sich eine Zukunft ohne Jason eigentlich überhaupt nicht mehr vorstellen. Ohne ihn waren all ihre schönsten Träume geplatzt.

Und was war mit den Leuten in der Gemeinde? Sie waren von ihrer Verlobung so begeistert gewesen! Und dann ihre Eltern. Sie hatten schon die Flugtickets für sie und Jason geschickt, damit sie in knapp einer Woche zum Erntedankfest zu Besuch kommen konnten. Wie konnte sie das alles in letzter Minute rückgängig machen?

Trotz all dieser düsteren und verstörenden Gedanken fühlte sie sich dennoch mit einem Mal eigenartig erleichtert. Im Grunde ihres Herzens wusste sie, dass ihre Entscheidung richtig war, auch wenn sie noch so viel Schmerz mit sich brachte. Sie musste sich den Konsequenzen jetzt einfach stellen. Sie nahm den Diamantring ab und legte ihn vorsichtig in eine Ecke auf ihrem Schreibtisch. Erst würde sie ein paar Stunden schlafen und dann mit Jason sprechen.

*

Am nächsten Sonntagmorgen herrschte gespannte Erwartung bei den Gemeindemitgliedern. Die Ereignisse in der Südstadt hatten sich rasch herumgesprochen, und nach einem langsamen Besucherschwund während der letzten Monate waren wieder etwas mehr Leute in die Kirche gekommen.

Michael trat mit einem tiefen Gefühl der Demut und Dankbarkeit vor die Versammelten und war sich bewusst, dass sich gerade ein neues, noch von niemandem in Worte gefasstes Gemeinschaftsgefühl zwischen ihnen entwickelte. Die ernsthaftere Nachfolge Jesu, mit der eine kleine Gruppe von Freiwilligen begonnen hatte, war wie ein Sauerteig, der die ganze Gemeinde zu durchsäuern begann, und als er Gesicht für Gesicht einzeln betrachtete, fühlte er sich auf eine ganz eigenartige und doch greifbare Weise wie ins erste Jahrhundert zurückversetzt, als diejenigen, die gläubig geworden waren, alle Dinge gemeinsam hatten. Langsam entwickelten sie jenes Vertrauen zu ihrem Gott, das die ersten Jünger hatten, als sie Entbehrungen und selbst Tod mit Mut, ja mit Freude begegneten. Am Schluss seiner Predigt bat er die Gemeinde, immer daran zu denken, was in der Südstadtmission begonnen hatte.

»Wir haben schon viele der Menschen wieder an die Straße verloren«, sagte er. »Die Anziehungskraft der Drogen und der alten Freunde war für sie zu stark, um ihr zu widerstehen. Wir müssen beten, dass der Heilige Geist gegen die Drogendealer, Zuhälter und Bandenchefs arbeitet, die gezielt versuchen, die Menschen wegzulocken.«

Zum Treffen nach dem Gottesdienst kamen mehr Leute als jemals zuvor. Jason Clark gehörte zu den wenigen, die fehlten – ein Umstand, der Michael nicht überraschte. Sharon und er hatten am Samstagnachmittag Stunden damit verbracht, Rachel mit Rat und Tat zur Seite zu stehen, nachdem sie völlig aufgewühlt von der Lösung ihrer Verlobung zurückgekehrt war. Jason war offensichtlich sehr verletzt und an diesem Vormittag war er nicht einmal zum normalen Gottesdienst gekommen.

Es gab natürlich viele Fragen zu dem, was in der Mission geschehen war, und noch ein paar Leute mehr boten an, bei den anfallenden Aufgaben zu helfen. Michael verwies sie an Jenny Paige weiter, und dann bat er Roger Paige mit einem Lächeln, sich von seinem Platz zu erheben.

»Roger war Freitagabend in der Mission und hat mich gefragt, ob er heute Morgen etwas sagen darf«, erklärte er. »Für diejenigen unter Ihnen, die ihn nicht kennen: Er ist Jennys Sohn. Roger?«

Roger schien es einigermaßen unangenehm zu sein, als er aufstand und all die erwartungsvollen Gesichter und auf ihn gerichteten Blicke sah.

»Das ist jetzt schwieriger, als ich erwartet hatte«, gab er zu. Die Versammelten lachten ermunternd. »Seit meiner Kindheit gehe ich hier zur Kirche, aber erst während der letzten Monate habe ich mich ernsthaft gefragt, was das alles zu bedeuten hat. Der Grund dafür war in erster Linie die Sache mit dem Versprechen.

Ich habe immer gedacht, Gott sei irgendwie weit weg und habe mit dem wirklichen Leben nichts zu tun. Aber nachdem meine

Mutter das Versprechen gegeben hatte, sich konsequent zu fragen: ›Was würde Jesus tun?‹, habe ich jede Menge Veränderungen an ihr beobachtet. Plötzlich tat sie Dinge, die ich ihr nie zugetraut hätte. Aber sie war auch glücklicher als jemals zuvor. Nach einer gewissen Zeit hat sie mich einfach angesteckt.«

Er machte eine Pause und grinste schuldbewusst. »Ich bin am Abend der Eröffnung zur Mission gefahren, aber ich war zu stolz um hineinzugehen. Als ich aber letzten Freitag noch einmal da war, konnte ich nicht anders. Da war – da war irgendwas –«

Er schluckte und man konnte sehen, wie sehr ihn das Geschehene bewegte. Jenny griff nach seiner Hand und hielt sie, während er weiterredete. »Da war irgendetwas in diesem Raum, eine Art von Liebe, würde ich sagen, und deswegen habe ich mich gefühlt wie ein Kind. Bevor ich es ganz begreifen konnte, war ich vorne mit dabei und heulte wie ein Baby.« Er holte tief Luft. »Ich glaube, was ich im Grunde sagen will, ist: danke! Wenn ihr hier nicht dieses Versprechen abgelegt hättet, hätte ich wahrscheinlich nie näher darüber nachgedacht, wie ich eigentlich mein Leben lebe.«

Er hob an, noch etwas zu sagen, schüttelte dann aber den Kopf und setzte sich wieder hin. Jenny nahm ihn in den Arm, während die anderen ihn anlachten und ihm leise gratulierten.

Es war diesmal nur ein kurzes Treffen, aber bevor die Gruppe auseinander ging, gab es noch ein paar andere Neuigkeiten zu berichten. Alex Powell erzählte, dass ein Kollege von ihm Anfang der Woche Jesus als seinen persönlichen Herrn angenommen hatte, und ein junger Zeitungsjournalist, der seit nicht einmal einem Monat zu den Treffen kam, berichtete, er sei entlassen worden, weil er sich geweigert hatte, einen Auftrag auszuführen, bei dem er einen Abend in einem Bordell hätte verbringen müssen.

Ein anderer junger Mann stand auf, um öffentlich etwas zu gestehen: Am Freitag zuvor war er zu dem Besitzer des Fotogeschäftes gegangen, in dem er seit über zwei Jahren arbeitete, und hatte zugegeben, in der Vergangenheit mehrere wertvolle Kameras gestohlen zu haben. Anschließend hatte er versprochen, dafür zu sorgen, dass der Besitzer seinen Schaden ersetzt bekommt. Er hatte fest damit gerechnet, entlassen zu werden, aber zu seiner großen Überraschung hatte sein Chef ihn behalten. Und noch spannender war, dass ihm das die Gelegenheit geboten hatte, zu erkären, warum er die Diebstähle gestanden hatte. Er und sein Chef hatten sich dann fast zwei Stunden lang über Jesus unterhalten.

Die Gruppe beriet sich und betete gemeinsam, und als sie alle schließlich nach Hause gingen, waren sie neu erfüllt von der Kraft des Heiligen Geistes.

Rachel Wingate ging zusammen mit Jenny und Roger hinaus. Jenny ließ Roger ein paar Schritte vorgehen, dann legte sie ihren Arm um ihre junge Freundin.

»Ist alles in Ordnung?«, fragte sie leise. »Du siehst nicht gut aus.«

»Es geht schon. Wahrscheinlich hast du schon gehört, dass Jason und ich nicht mehr –« Sie hielt ihre linke Hand hoch und ließ den bloßen Ringfinger den Satz beenden.

»Ich habe es gehört«, musste Jenny zugeben. »Ist er deshalb heute nicht zum Gottesdienst gekommen?«

Rachel nickte. »Als ich gestern gegangen bin, kochte er vor Wut. Er hat mir vorgeworfen, ›sein Vertrauen enttäuscht‹ und noch alle möglichen anderen Dinge getan zu haben. Er sagte, wenn sich so genannte Christen so benähmen, wolle er nichts damit zu tun haben. Kannst du dir das vorstellen?«

»Ich fürchte, ja. Um ehrlich zu sein, ich bin sogar ein wenig erleichtert.«

»Wieso?«, fragte Rachel leicht konsterniert.

»Weil ich immer schon der Meinung war, dass er nicht der Richtige für dich ist. Er hatte immer so etwas – wie soll ich sagen – Unechtes an sich, als ob er eine Rolle spielen würde. Ich habe mich gewundert, als er das Versprechen abgelegt hat. Ich nahm an, dass er das nur dir zuliebe getan hat.«

Rachel sagte für einen Augenblick gar nichts. »Ich habe wirklich geglaubt, dass ich ihn liebe«, sagte sie dann mit Tränen in der

Stimme. »Er war immer so witzig und hat es verstanden, mich glücklich zu machen. Nur wenn wir voneinander getrennt waren, habe ich begonnen, sein Verhalten infrage zu stellen.«

Rachel hielt inne und wurde sich auf einmal der großen Veränderung in ihrer Art zu denken bewusst. Wohin würde Jesus sie als Nächstes führen?

*

Das regelmäßige Treffen nach dem Gottesdienst war für diesen Sonntag beendet, doch ein anderes Treffen in derselben Gemeinde war noch in vollem Gange. Es war eine kleine, formlose Zusammenkunft, an der vier Diakone, zwei Mitglieder des Bauausschusses, der Vorsitzende des Rates für die Mission im Ausland, der Leiter der Finanzen und die Schatzmeisterin teilnahmen. Sie hatten verabredet, sich in einem der Räume der Sonntagsschule zu treffen, wo es sehr unwahrscheinlich war, dass sie von Michael Maxwell überrascht wurden.

»Ich denke, wir sind uns alle einig«, sagte Martha Robinson gerade, und ihr Doppelkinn bebte vor Entrüstung. »Obwohl die Besucherzahl und das Spendenaufkommen heute Morgen im Vergleich zu den Wochen davor leicht gestiegen sind, lagen die Spenden immer noch fast zwanzig Prozent unter dem Wert von vor sieben Monaten, bevor Pastor Maxwell mit dieser ›Was würde Jesus tun?‹-Geschichte angefangen hat. Ich denke, wir haben genug Geduld bewiesen. Wenn wir jetzt nichts unternehmen, wird es in weiteren sieben Monaten vielleicht keine Gemeinde mehr geben, um die man sich Sorgen machen müsste.«

Überall regte sich leise Zustimmung. »Pastor Maxwell hat doch selbst gesagt, dass eine Gemeinde, die nicht wächst, eine sterbende Gemeinde ist«, sagte Frank Boykin, der Finanzexperte. »Aber als ich ihn davon überzeugen wollte, sich wieder auf eine unserer erfolgreichen Werbestrategien zu besinnen, sagte er nur: ›Ich habe gelobt, Jesus zu folgen, egal welche Konsequenzen es hat, und ich glaube nicht, dass er uns so etwas empfehlen würde.‹ Er ist keinen vernünftigen Argumenten mehr zugänglich.«

»Mehr als das«, unterbrach ihn John Roberts, einer der Diakone. »Das Schlimmste ist, dass er seine ganze Zeit und Aufmerksamkeit auf eine kleine Gruppe von Leuten konzentriert, nämlich diejenigen, die sich an seinem Versprechen beteiligen. Die Bedürfnisse der restlichen Gemeinde ignoriert er völlig.«

Martha nickte energisch. »Das ist genau, was ich sagen wollte. Dann haben wir ja alles Notwendige besprochen. Frank, würden Sie den Brief an den Vorstand aufsetzen?«

»Der kann morgen abgeschickt werden. Wir werden wahrscheinlich einige Wochen auf die Antwort warten müssen. Ich meine, in der Zwischenzeit sollten wir erreicht haben, dass noch ein paar unserer einflussreichsten Mitglieder uns unterstützen. Vielleicht können wir uns sogar unter der Hand umhören, welche anderen Geistlichen an Maxwells Stelle interessiert sein könnten.«

Als sie sich voneinander verabschiedeten, bildeten die verkniffenen Mienen und die unzufriedenen Bemerkungen einen harten Kontrast zu dem Geist des Friedens, der in der anderen Gruppe noch vor wenigen Minuten geherrscht hatte.

*

Am Wochenende des Erntedankfestes besuchte Rachel Wingate ihre Familie in Virginia. Nach fast zwei Monaten würde sie zum ersten Mal nicht freitagabends in der Südstadt singen. Eine Chorsängerin aus der Lutherischen Gemeinde in Villa Drive hatte sich bereit gefunden, für sie einzuspringen.

Es gab nun einen festen Stamm von Mitgliedern der Baptistengemeinde, die zuverlässig jeden Freitag, wenn Michael predigte, in der Mission anwesend waren. Dazu zählten Daniel Marshall, Alex und Cheryl Powell, Connie und Menio Garza, Lauren Woods und natürlich Jenny Paige. Einige andere, darunter Dr. West, kamen so oft, wie es ihr Terminkalender zuließ.

Auch Roger Paige war regelmäßig gekommen, seit er gemeinsam mit den Menschen aus der Südstadt vorne gestanden und sein Leben in Gottes Hand gelegt hatte. Doch obwohl er die Zeit der Andacht und Michaels ungeschminkte Predigten sehr schätzte, fühlte er sich zunehmend unwohl. Er passte nicht so recht zu den anderen Gemeindemitgliedern, die anschließend noch dablieben, um mit denjenigen, die dem Ruf der Predigt gefolgt waren, zu reden und zu beten.

Obwohl er die neue »Gute-Nachricht-Bibel« verschlang, die Pastor Maxwell ihm am Tag seiner Taufe überreicht hatte, fühlte er sich noch nicht gerüstet, zu den Problemen, mit denen viele der Südstadtbewohner konfrontiert waren, etwas zu sagen. Was er suchte, war ein Weg, andere Menschen zu erreichen, die so waren wie er – die nach außen hin zufriedenen Männer und Frauen, die von einer Szenekneipe zur nächsten drifteten, in der endlosen Suche nach irgendetwas, das die Leere in ihrem Leben ausfüllen könnte.

An diesem Abend sprach er auf dem Heimweg vom Gottesdienst mit seiner Mutter darüber.

»Es ist nicht so, dass ich die Mission nicht mag«, versicherte er ihr. »Ihr macht da etwas ganz Großartiges; ihr erreicht Menschen, die bei den traditionellen Kirchen längst durch den Rost gefallen sind. Aber was ist mit Leuten wie meinen Freunden Bruce und Dennis, die Kirche für einen Witz halten, wegen der ganzen Heuchler, über die sie in der Zeitung lesen und die sie im Fernsehen sehen? Wer tut etwas, um diese Leute zu erreichen?«

Jenny schaute ihren Sohn an, und ein Lächeln spielte um ihren Mund. »Das hört sich ganz so an, als ob Gott dir den Auftrag gibt, etwas zu unternehmen. Hast du schon irgendeine bestimmte Vorstellung?«

Roger grinste. »Eigentlich nicht. Im Moment nörgele ich nur! Aber ich weiß, es muss einen Weg geben, diese Leute genauso zu erreichen, wie du und Rachel es bei mir geschafft habt. Das Problem bei der Sache ist, dass Christen normalerweise nicht in

Nachtklubs und Bars herumhängen und sie deshalb von der ›Partyszene‹ kaum wahrgenommen werden. Und ich glaube, die meisten meiner Freunde würden nie im Leben mit mir zur Kirche gehen. Sie würden das für eine totale Zeitverschwendung halten.«

Jenny nickte zustimmend. »Also, warum betest du nicht einfach darum, was du tun solltest? Das ist die beste Methode, die ich kenne, um zu einer Lösung zu kommen.«

*

An diesem Ferienwochenende erschütterten mehrere tragische Ereignisse gleichzeitig die Baptistengemeinde von Ashton.

Als Erstes wurden Michael und Sharon Maxwell am frühen Samstagmorgen durch das hartnäckige Klingeln des Telefons geweckt. Noch benommen vom Schlaf meldete Sharon sich. Doch plötzlich war sie hellwach und gab den Hörer an Michael weiter. Es war Terri Bannister.

Sie weinte, und deshalb konnte er sie kaum verstehen. »Pastor Maxwell, es geht um Ray«, schluchzte sie. »Die Kinder – wir haben im Arbeitszimmer einen Schuss gehört, und dann ist der kleine Bobby hingerannt um nachzusehen – Ray liegt da einfach auf dem Teppich – er – er – ich weiß nicht, was ich machen soll! Oh, mein Gott, ich weiß nicht, was ich machen soll!«

Michael war schon aufgestanden und griff nach seiner Jeans, die auf einem Stuhl lag. »Terri, ich bin schon auf dem Weg. Haben Sie den Rettungswagen gerufen?«

»Jennifer hat den Notruf gewählt.« Sie musste sich hörbar anstrengen, um ihre Stimme noch zu beherrschen. »Herr Pastor, warum – warum sollte er so etwas tun? Er wollte sich morgen taufen lassen!«

»Ich weiß es nicht, Terri. Hören Sie, ich bin sofort bei Ihnen. Warten Sie einfach in Ruhe ab, okay? Nehmen Sie die Kinder zu sich und setzen Sie sich ins Schlafzimmer, bis der Rettungswagen kommt.«

Er war sich nicht sicher, ob sie ihn verstanden hatte, aber als es in der Leitung klickte, legte er auf und wandte sich Sharon zu. »Ich habe es nicht hundertprozentig verstanden, doch es sieht so aus, als hätte Ray sich erschossen. Terri und die Kinder sind alleine zu Hause. Ruf Jenny und Cheryl an und sag ihnen, sie sollen beten, ja? Ich rufe dich an, sobald ich weiß, was los ist.«

Im Haus der Bannisters geriet Michael in eine alptraumartige Situation. Sanitäter scharten sich um Rays blutüberströmten Körper, um ihn vorsichtig auf eine Tragbahre zu heben, während zwei Polizisten versuchten, die völlig aufgelöste Terri zu beruhigen. Ein Blick auf Rays Kopf genügte Michael, um zu sehen, dass es für ihn keine Hoffnung mehr gab. Die Pistole, die er benutzt hatte, lag immer noch auf dem Boden.

In den letzten Minuten vor der Tat hatte er einen kurzen, verzweifelten Brief an seine Frau geschrieben. In beinahe zusammenhanglosen Worten erklärte er, in der Bank, bei der er arbeitete, werde Geld unterschlagen, und er sei in diese Machenschaften verwickelt. Am frühen Morgen sei er von einem Anrufer gewarnt worden, man habe einige der fehlenden Gelder zu ihm zurückverfolgen können. »Ich habe versucht, einen Weg zu finden, alles zurückzuzahlen, ohne dass es jemand merkt«, hatte er geschrieben, »aber dafür ist es jetzt zu spät. Möge Gott mir vergeben.«

Terri hielt den Zettel fest in der Hand, bis ein Polizist ihn ihr vorsichtig abnahm und entschuldigend erklärte, es handele sich um Beweismaterial. Michael rief Sharon an, und kurz darauf traf sie gemeinsam mit Cheryl und Jenny ein. Alle blieben bei Terri und den Kindern, bis am späten Nachmittag Terris Bruder und ihre Schwägerin ankamen.

Noch am selben Abend passierte beinahe eine zweite Tragödie, als jemand an einer roten Ampel mit voller Wucht auf das Auto von Martha Robinson auffuhr. Der Aufprall verursachte einen Totalschaden an ihrem Auto, fügte ihr eine schmerzhafte Genickverletzung zu und brach ihr zwei Zehen. Der Anruf erreichte Michael nur wenige Minuten, nachdem er von Terri Bannisters Haus zurückgekehrt war. Er fuhr sofort ins Krankenhaus.

Martha hatte sich schon wieder genug erholt, um außer sich vor Wut auf die andere Fahrerin zu sein. »Stellen Sie sich das vor!«, sagte sie zu Michael. »Ich sitze einfach im Auto und denke an nichts Schlimmes, und dann kommt diese – diese Idiotin von einer Frau und fährt genau auf mich drauf! Und sie ist nicht einmal richtig versichert!«

Michaels Angebot, ihr zu helfen, lehnte sie brüsk ab. »Der Arzt hat gesagt, ich kann heute Abend nach Hause gehen, sobald er meine Zehen fertig eingegipst hat. Mein Neffe kommt und holt mich ab.«

»Ich bin froh, dass mit Ihnen soweit alles in Ordnung ist«, sagte Michael erschöpft. »Sagen Sie mir Bescheid, wenn wir irgendetwas für Sie tun können.« Er entschied sich, Ray Bannister lieber nicht zu erwähnen, obwohl die Neuigkeit bald in aller Munde sein würde. Martha stand in dem Ruf, Dinge, die sie weitererzählte, phantasievoll auszuschmücken. Terri würde in den nächsten Tagen und Wochen genug zu verkraften haben, da konnte sie auf »wohlmeinende« Schwätzer verzichten.

Am nächsten Morgen stand auf der Titelseite des *Ashton Herald* ein Bericht über den Selbstmord von Ray Bannister, in dem auch von seiner Verstrickung in eine Betrugsaffäre die Rede war. Terri kam nicht in die Kirche. Und Michael hatte erfahren, dass Rays Beerdigung erst nach einer Autopsie und dem Abschluss der polizeilichen Untersuchungen möglich sein würde.

In der Predigt, die er an diesem Morgen hielt, ging es um Vergebung. Er wählte einen Text aus dem Epheserbrief: »Seid aber untereinander freundlich und herzlich und vergebt einer dem andern, wie auch Gott euch vergeben hat in Christus.« (Epheser 4,32)

»Als Christen neigen wir dazu, viel von Vergebung zu sprechen«, begann er. »Wir sind ziemlich selbstgerecht, wenn es darum geht, über ›kleine‹ Sünden hinwegzusehen: ›Notlügen‹, Zornesausbrüche, Ausrutscher. Aber die eigentliche Bewährungsprobe ist, wie wir zu dem stehen, der gerade am Beginn seines Glaubens steht und mit sich selbst ringen muss, um seine schlimme Vergangenheit hinter sich zu lassen, oder zu dem älteren Bruder oder der älteren Schwester im Herrn, die in etwas hineingerät, das wir für eine schwer wiegende Sünde halten – Dinge wie Ehebruch, Diebstahl oder Alkoholmissbrauch. Vergeben wir ihnen freimütig, wenn sie Reue zeigen, oder wenden wir uns von ihnen ab und überlassen sie sich selbst?

Was würde Jesus tun?«

Er hielt inne und redete erst einen Augenblick später weiter. »Wenn wir Jesus nachfolgen wollen, müssen wir eine wesentliche Tatsache ganz eindeutig sehen: *Anderen zu vergeben ist eine Notwendigkeit und nicht bloß eine Möglichkeit.* Es gibt keine frommen Entschuldigungen dafür, anderen eben jene Vergebung vorzuenthalten, die Gott uns zuteil werden lässt. Wir können nicht sagen, es ginge nur darum ›Gut und Böse beim Namen zu nennen‹, wenn wir über Menschen zu Gericht sitzen. Und wir können auch nicht unter dem rechtschaffenen Vorwand der ›Fürbitte‹ üble Nachrede betreiben.

Hören Sie sich an, wie Paulus möchte, dass sich die Korinther verhalten, wenn einer ihrer Brüder gesündigt hat: ›Es ist aber genug, dass derselbe von den meisten gestraft ist, so dass ihr nun ihm desto mehr vergeben und ihn trösten sollt, damit er nicht in allzu große Traurigkeit versinkt. Darum ermahne ich euch, dass ihr ihm Liebe erweist.‹« (2. Korinther 2,6-8)

Er rieb sich erschöpft die Stirn, und es fiel ihm offensichtlich schwer, weiterzusprechen. »Wir hatten einen neuen Bruder, den ich eigentlich heute taufen wollte. Er kam zu Jesus mit einer Last aus seiner Vergangenheit, die er meinte verbergen zu müssen, wohl in der Hoffnung, alleine damit fertig werden zu können. Als er erfuhr, dass sein Fall die Öffentlichkeit beschäftigen würde, hatte er nicht genug Vertrauen in Gottes – und unsere – Bereitschaft, zu vergeben und ihm beizustehen. Ich bete darum, dass wir eine

Gemeinde werden, die aus Menschen besteht, die für ihre Fähigkeit zur Vergebung bekannt sind.«

Nach dem Schlussgebet verkündete Michael, das gewohnte Treffen nach dem Gottesdienst werde an diesem Sonntag durch ein besonderes Gebetstreffen ersetzt. »Die Familie Bannister braucht unsere Unterstützung, und wie einige von Ihnen wissen, hatte ein anderes Mitglied unserer Gemeinde, Martha Robinson, gestern am späten Nachmittag einen Autounfall. Sie ist nicht schwer verletzt, aber sie wird sich eine Zeit lang nur eingeschränkt bewegen können. Wir wollen auch an sie im Gebet denken.«

Er zögerte und schien in ihren Gesichtern lesen zu wollen. »Es sind jetzt fast acht Monate vergangen, seit viele von Ihnen das Versprechen gegeben haben, ein Jahr lang nach dem Grundsatz zu leben: ›Was würde Jesus tun?‹. Wenn ich mich in der hier versammelten Gemeinde umschaue, sehe ich eine Reihe von Menschen, deren Leben sich in der Folge grundlegend geändert hat – und ihre Handlungen haben wiederum viele andere beeinflusst.

Manchmal, wenn wir Jesus nachfolgen, begegnen uns ziemlich heftige Widerstände. Petrus schrieb dazu: ›Seid nüchtern und wacht; denn euer Widersacher, der Teufel, geht umher wie ein brüllender Löwe und sucht, wen er verschlinge.‹ (1. Petrus 5,8)

Mehr als jemals zuvor ist es jetzt an der Zeit, wachsam zu sein und zu beten. Ich hoffe, dass viele von Ihnen heute länger bleiben werden.«

Die meisten von denen, die normalerweise zu dem Treffen nach dem Gottesdienst kamen, fanden sich auch heute ein. Hinzu kamen einige andere, die bisher noch nie die Zeit gefunden hatten. Die schockierenden Ereignisse des gestrigen Tages schienen sie zusammenrücken zu lassen, und ihre Bereitschaft wuchs, über kleinliche Meinungsverschiedenheiten hinwegzusehen und gemeinsam vor Gottes Angesicht zu treten.

Man betete mit tiefem Ernst für Terri Bannister und ihre Kinder, für Martha Robinson, für die Südstadtmission und für die ganze

Gemeinde. Als das letzte »Amen« gesprochen wurde, stellten viele erstaunt fest, dass fast eine Stunde vergangen war.

Lauren Woods blieb noch etwas zurück, nachdem das Treffen schon beendet war. »Pastor Maxwell«, sagte sie, »ich glaube, ich sollte etwas tun, um Martha zu helfen. Wissen Sie, ob sie im Haushalt Hilfe braucht oder vielleicht jemanden benötigt, der für sie einkauft?«

Er dachte einen Augenblick nach. »Sie lebt allein, und ich glaube, der einzige Verwandte, den sie in der Nähe hat, ist ein Neffe von ihr. Sie wird für das Angebot sicher dankbar sein.« Er gab ihr Marthas Telefonnummer.

Auf dem Weg nach Hause war Michael ungewöhnlich schweigsam. Schließlich fragte Sharon ihn, worüber er nachdachte.

Er lächelte. »Über Lauren Woods. Hast du gemerkt, wie sehr sie sich verändert hat, Sharon? Sie scheint ein völlig anderer Mensch geworden zu sein. Früher bin ich immer in Deckung gegangen, wenn sie anrief oder auf mich zukam, weil sie so aufdringlich war und so offensichtlich Aufmerksamkeit auf sich ziehen wollte. Aber jetzt ist es, als hätte sie ihren Platz gefunden. Sie entpuppt sich gerade als eine der stärksten und geistlich reifsten Frauen in unserer Gemeinde.«

*

Am Mittwoch wurde Ray Bannisters Leiche endlich zur Bestattung freigegeben, und am nächsten Tag fand das Begräbnis statt. Michael hatte den Eindruck, als habe sich die gesamte Gemeinde zum Gottesdienst versammelt und sich um Terri und ihre Kinder geschart, um ihr öffentlich ihre liebevolle Unterstützung zu zeigen. Er konnte kaum glauben, dass dies dieselben Menschen waren, die noch vor sieben Monaten völlig entrüstet reagiert hatten, als eine verzweifelte junge Mutter das »Verbrechen« begangen hatte, ihren Gottesdienst zu stören. Jetzt waren sie ohne zu zögern bereit, die Bloßstellung, die Terri und ihre Kinder durch das, was Ray getan hatte, erdulden mussten, mitzutragen und dadurch in ihrer niederschmetternden Wirkung abzumildern.

»Ist dir klar geworden, was hier passiert ist?«, fragte Michael später Sharon. »Endlich rückt die Gemeinde enger zusammen und begräbt ihren Streit, um wie der Leib Christi sein zu können. Hast du John Roberts gesehen? Er hat sich fast allem, was ich in den letzten Monaten gemacht habe, entgegengestellt, aber heute ist er gekommen und hat mich tatsächlich gefragt, ob er für die Familie irgendetwas tun kann.« Nachdenklich fügte er hinzu: »Er ist am Sonntag zum Gebetstreffen gekommen. Vielleicht hat das bei ihm schließlich den Durchbruch gebracht.«

Er war immer noch in Gedanken bei den Veränderungen in der Gemeinde, als das Telefon klingelte. Es war Dr. Carl Bruce, der Pfarrer der Kirche an der Nazareth Avenue in Chicago.

Michaels Gesicht strahlte, als er die tiefe, etwas schnarrende Stimme seines langjährigen Freundes erkannte, aber sein Lächeln verflog sofort wieder, als er den Grund des Anrufs erfuhr.

»Michael«, begann Carl ganz vorsichtig, »hattest du in letzter Zeit in deiner Gemeinde irgendwelche Probleme mit den Diakonen oder dem Finanzausschuss?«

»Keine außergewöhnlichen. Nur die übliche Nörgelei, die ich mir immer anhören muss, wenn das Spendenaufkommen sinkt oder ich an unseren eingefahrenen Gewohnheiten irgendetwas ändern will. Warum?«

Carl stöhnte. »Ich habe mir so etwas gedacht. Hör zu, du bekommst Probleme – *große* Probleme – mit einigen von deinen Leuten. Mich hat heute Morgen ein Bekannter angerufen, der im Vorstand sitzt. Offensichtlich haben einige deiner Diakone und ein paar andere aus dem Finanzausschuss vor ein paar Wochen einen Brief geschrieben, in dem sie deine Absetzung verlangen. Außer Betrug haben Sie dir so ziemlich alles vorgeworfen: Führungsfehler, Fanatismus – lauter solche Dinge. Mein Bekannter aus dem Vorstand weiß, dass wir eng befreundet sind, und hat mich gebeten, dich anzurufen und herauszufinden, was los ist.«

Die Nachricht traf Michael wie ein Schlag ins Gesicht. Er setzte sich langsam hin, und seine Finger wurden weiß, so fest umklammerten sie den Telefonhörer.

»Michael? Bist du noch da?«

»Bin ich. Ich bin einfach sprachlos, Carl. Ich musste gerade einen Mann beerdigen, der erst vor kurzem zum Glauben gekommen war und der am letzten Wochenende Selbstmord verübt hat. Er hinterlässt eine Frau und drei Kinder. Ich war so stolz auf die Gemeinde, weil sie sich solche Mühe gibt, der Familie ihre Unterstützung anzubieten.« Seine Stimme versagte.

Carl wartete einen Augenblick. »Erzähl mir doch einfach, was in den letzten Monaten in der Gemeinde geschehen ist. Alle Beschwerden in dem Brief scheinen sich darauf zu konzentrieren.«

Michael wusste nicht, wo er anfangen sollte. »Im Frühjahr hat alles angefangen«, sagte er langsam, »als eine junge Frau namens Brenda Collier mit ihrer kleinen Tochter in unsere Gemeinde kam und hoffte, jemand würde ihr helfen ...«

Er erzählte ausführlich, welche Ereignisse ihn schließlich bewegt hatten, sich vor die versammelte Gemeinde zu stellen und sie aufzufordern, sich ein Jahr lang immer wieder zu fragen: »Was würde Jesus tun?«. Und dann berichtete er über die vielen Dinge, die seitdem in seinem Leben und im Leben anderer Gemeindemitglieder passiert waren.

»Du glaubst gar nicht, wie viel sich dadurch verändert hat«, sagte Michael, und ein bisschen von der freudigen Erregung, die er zuvor empfunden hatte, kehrte in seine Stimme zurück. »Nicht nur in der Gemeinde hat sich etwas getan, sondern in der ganzen Stadt verändern sich Dinge. Menschen, die nie im Leben durch eine Kirchentür gehen würden, kommen mit Jesus in Kontakt, weil seine Gemeinde sich im Beruf und in der Familie anders verhält. Einer der besten Prediger in ganz Ashton ist im Moment Cliff Bright, dem die Lebensmittelkette Mr B gehört. Sein konsequenter Glaube hat ihn viel gekostet, aber mehr Menschen, als ich aufzählen könnte, haben sich sein Leben zum Vorbild genommen.«

Carl Bruce hatte sich alles angehört, zunehmend fasziniert von den Ereignissen. Als Michael seinen Bericht beendet hatte, war der Pfarrer aus Chicago völlig begeistert.

»Hör mal«, sagte er spontan, »ich habe eine Idee. Kann ich nicht einfach am nächsten Wochenende nach Ashton kommen und mir alles mit eigenen Augen ansehen? Ich kann dich am Freitagabend in die Südstadtmission begleiten und dann am Sonntag mit in die Kirche gehen. So könnten wir auch privat mal einiges nachholen.«

»Wir würden uns freuen, wenn du kämst. Aber wenn du schon einmal hier bist, könntest du doch auch am Samstagabend in der Mission predigen. Der Pfarrer, der für diesen Abend vorgesehen war, hat mich gestern angerufen und gesagt, er habe einen Termin in einer anderen Stadt, so dass ich ohnehin auf der Suche nach einem Ersatzmann war.«

Carl Bruce sagte sofort: »Das täte ich liebend gern. Bloß bin ich mir nicht sicher, ob ich weiß, wie man vor so einem Publikum spricht.«

Michael lachte. »Es ist etwas anderes als am Sonntagmorgen, das kann ich dir sagen. Aber es wird dir gut tun, Carl.«

Kurz nachdem er aufgelegt hatte, fragte Sharon besorgt: »Was ist los?« Aus seinen Reaktionen am Telefon hatte sie schließen können, dass es ernste Probleme gab.

Michael schüttelte den Kopf. »In der Gemeinde scheint sich der Mob zum Lynchmord zusammenzurotten. Einige Leute regen sich offensichtlich über mich auf, und jetzt haben sie einen Brief an den Vorstand geschrieben, um meine Entlassung zu erreichen. Ein Bekannter von Carl aus dem Vorstand hat ihn angerufen und Bescheid gesagt.«

Sharon kniff ärgerlich ihren Mund zusammen. »Wenn bestimmte Leute wollen, dass du gehst, warum sagen sie dir das nicht direkt, anstatt hinter deinem Rücken Intrigen zu spinnen?«

Michael lächelte gequält. »So läuft das selten, Schatz. Ich habe so etwas schon öfter miterlebt, auch wenn es bis jetzt nie gegen mich gerichtet war. Es fängt an mit etwas Getuschel und ein paar Beschwerden, und dann wird es ganz langsam zu einem hässlichen Kleinkrieg.«

»Das ist wirklich das Letzte, was wir jetzt gebrauchen können«, sagte Sharon bedrückt. »Was sollen wir tun?«

»Ich weiß nicht. Ich denke, ich werde erst einmal mit Alex und Daniel sprechen, bevor ich irgendetwas unternehme. Das Schlimme ist, wenn solche Dinge einmal in Gang gekommen sind, lassen sie sich kaum noch friedlich beilegen. Eine Hand voll Miesmacher genügen, um eine ganze Gemeinde auf den Kopf zu stellen. Ich möchte nicht mit ansehen müssen, wie alles, was in unserer Gemeinde in Gang gekommen ist, wegen so einer Sache zerstört wird.«

Sharon achtete genau auf seinen Gesichtsausdruck. »Was ist, wenn wir nichts daran ändern können?«, fragte sie, als sie ihm seine Zweifel ansah. »Du wirst dich doch von denen nicht zum Aufgeben nötigen lassen, oder?«

Michael atmete tief durch. »Das ist einer der Fälle, in denen es schwierig ist herauszufinden, was Jesus tun würde, findest du nicht? Ich weiß es einfach nicht. Deshalb möchte ich Alex und Daniel und vielleicht Cliff Bright bitten, mit mir gemeinsam zu beten. Ich glaube nicht, dass ich mich hier allein auf mein eigenes Urteil verlassen kann.«

# 17

Am nächsten Freitag fegte der erste Schneesturm des Winters über Ashton hinweg, und die Stadt wurde weiß. Die Südstadtmission öffnete schon vier Stunden früher, um den frierenden Menschen zum Mittagessen eine heiße Suppe zu servieren. Viele waren zum ersten Mal gekommen. Gegen vier Uhr fuhren Michael Maxwell und Dr. Carl Bruce vorsichtig mit dem Auto in die Stadt.

Rachel Wingate war schon da. Michael machte Carl mit ihr bekannt und fragte dann: »Was treibt dich schon so früh hierher, Rachel? Ich hatte dich erst kurz vor dem Gottesdienst erwartet.«

»An der Uni hat man uns heute wegen des Schneesturms früher nach Hause geschickt«, antwortete sie. »Ich wusste, dass die Mission zu wenig Leute haben würde, deshalb bin ich direkt hierher gekommen. Das war auch ganz gut. Drei Küchenhelfer haben schon angerufen und gesagt, dass sie nicht kommen können.« Lächelnd hielt sie einen Holzlöffel in die Höhe. »Ich bin keine besonders gute Köchin, aber ich glaube, es ist besser, sie haben mich als niemanden. Ich darf die Käsesoße umrühren.«

Michael und Carl mussten beide lachen. »Michael hat mir viel Gutes über Sie erzählt, Miss Wingate«, sagte Carl. »Er hat gesagt, mit Ihrer musikalischen Verkündigung hätten Sie schon viele erreicht, die gegen Predigten immun waren. Ich freue mich darauf, Sie zu hören.«

Rachel wurde rot. »Ich hoffe, dass auch alles klappt. Wegen des Schneesturms sind heute Abend viele neue Leute da.«

Roger kam ein paar Minuten später zusammen mit Jenny. Er war überrascht, als er Rachel in der Küche entdeckte.

Als sie merkte, dass er sie gesehen hatte, blickte sie auf und schaute lächelnd in seine Richtung. »Na, hallo!«, sagte sie herzlich und strich sich eine lange Strähne ihrer Locken aus dem Gesicht. »Was machst du denn hier?«

Roger war etwas verlegen. »Mutter dachte, heute Abend würden vielleicht ein paar Leute mehr gebraucht, deshalb habe ich angeboten mitzukommen und zu helfen.«

Und bevor Rachel es sich versah, war er plötzlich wieder aus der Küche verschwunden und sie starrte ihm verwundert hinterher. Was war bloß los mit ihm?

Der Gottesdienst war an diesem Abend so gut besucht, dass die meisten nur Stehplätze fanden. Carl Bruce saß in der ersten Reihe zwischen Jenny und Roger und hörte interessiert zu, wie sein alter

Freund aus dem Predigerseminar eine lebensnahe Predigt hielt, die mehr war als nur eine kurze Ansprache: Es war eine leidenschaftliche Aufforderung an die vom Weg Abgekommenen, ihr sündhaftes Leben aufzugeben und ein neues Leben in Christus zu beginnen.

Ich hätte mir Michael Maxwell niemals an so einem Ort vorstellen können, dachte Carl Bruce. Als ich ihn vor zwei Jahren predigen hörte, hätte er nicht im Traum daran gedacht, in einer Predigt das Wort »Sünde« in den Mund zu nehmen. Er war ein großartiger Redner, aber er hatte nichts Wesentliches zu sagen. Jetzt ist er anders – weniger redegewandt, aber auch viel kraftvoller.

Am Schluss des Gottesdienstes stand Rachel auf, um »Amazing Grace« zu singen. Als ihre wohlklingende Stimme den bekannten Text laut erschallen ließ, sangen viele der Zuhörer mit.

*Amazing grace! How sweet the sound*
*that saved a wretch like me,*
*I once was lost, but now I'm found*
*'twas blind but now I see.*

Noch bevor sie mit der zweiten Strophe begann, hatten sich Männer und Frauen rund um das Podest geschart. Carl Bruce schloss sich bald den anderen Mitgliedern der Gemeinde an, die sich unter die Versammelten mischten, um zu beten.

*

Dr. Carl Bruce predigte am nächsten Abend in der Mission. Verblüfft stellte er fest, dass es ihm nicht nur Spaß machte, sondern dass er auch etwas bewirkte. Er betete an diesem Abend noch gemeinsam mit vier Leuten.

Erst am späten Sonntagabend kam er schließlich wieder zu Hause in Chicago an. Da er nicht schlafen konnte, setzte er sich in sein Arbeitszimmer, nahm einen Stift zur Hand und suchte nach den passenden Worten, um treffend zu beschreiben, was er an diesem Wochenende in Ashton erlebt hatte. Er war in einer sowohl nachdenklichen als auch freudig erregten Stimmung zurückgekehrt und nun entschloss er sich, in einem Brief an seinen Bekannten im Vorstand, Reverend Patrick Corridan, alles aufzuschreiben, was er selbst gesehen und wovon er gehört hatte.

Lieber Pat,

es ist jetzt schon später Sonntagabend, aber ich bin immer noch hellwach und ziemlich aufgewühlt, nachdem ich das Wochenende in Ashton verbracht habe. Ich habe deshalb das Bedürfnis, dir jetzt zu schreiben, wo alle Eindrücke noch ganz frisch sind.

Wie du weißt, bin ich am Freitag losgefahren, um ein paar Tage mit Michael Maxwell zu verbringen und selbst zu sehen, was sich durch seinen persönlichen Einsatz während des vergangenen Jahres in der Gemeinde verändert hat. Michael und ich sind seit unseren Seminartagen befreundet, obwohl unsere Methoden schon immer ziemlich unterschiedlich waren. Er hat immer gerne große Reden geschwungen, während ich mich eher als eine Art Lehrer verstanden habe. Als man ihn nur wenige Monate nach seinem Examen in die Gemeinde nach Ashton berief, dachte ich mir: »Die haben eine gute Wahl getroffen. Michaels Predigten werden die Bänke in Rekordzeit füllen.«

Er ist nun seit fast zehn Jahren dort, und bis vor acht Monaten hat er anscheinend genau das erreicht, was ich vermutet hatte. Er hat die Gemeinde in ihren bescheidenen Anfängen übernommen und sie kämpferisch zu einer der größten und reichsten Gemeinden in der Stadt gemacht. Die Musikgruppe, eine komplette Band mit einigen sehr talentierten Gesangssolisten, gab regelmäßig in der ganzen Stadt Konzerte. Michael konnte man ein ziemlich imposantes Gehalt zahlen, das es ihm ermöglichte, jedes Jahr mit seiner Frau Sharon in Übersee Urlaub zu machen. Es war die Art Stelle, die von den meisten Pastoren – mich selbst eingeschlossen – als ideal angesehen würde.

Aber dann, im Frühjahr dieses Jahres, machte Michael eines

Sonntagmorgens am Ende des Gottesdienstes einen Vorschlag, der für ihn völlig untypisch war. Provozierend stellte er sich vor die Gemeinde und suchte nach Freiwilligen, die gemeinsam mit ihm ein Jahr lang keine Entscheidung treffen würden, ohne sich vorher zu fragen: »Was würde Jesus tun?« Wie man sich leicht vorstellen kann, war diese bequeme, gut betuchte Gemeinde ziemlich schockiert!

Was seitdem passiert ist, finde ich so außergewöhnlich, dass ich gar nicht recht weiß, wie ich es am besten beschreiben kann. Der beste und einfachste Weg ist wahrscheinlich, dir von einigen der Menschen zu erzählen, die ich in der Gemeinde kennen gelernt habe und die zusammen mit Michael Maxwell das abgelegt haben, was sie jetzt im Nachhinein »das Versprechen« nennen.

Zunächst einmal hat Michael mir erzählt, wie erstaunt er war, dass einige der prominentesten Gemeindemitglieder auf seinen doch sehr ungewöhnlichen Vorschlag eingegangen sind. Einer davon ist Ted Newton, der Chef des Fernsehsenders WFBB in Ashton.

Ted ist es in nicht mal einem Jahr gelungen, im Programm des Senders wesentliche Änderungen durchzusetzen, damit er eine positivere Wirkung für die Allgemeinheit hat. Ich habe hier keinen Platz, um alle Änderungen aufzulisten, aber unter anderem hat er die meisten Sendungen, in denen es Gewaltdarstellungen gab oder die Intimsphäre verletzt wurde, durch ein Programm für die ganze Familie ersetzt und sich zudem geweigert, Werbespots auszustrahlen, die diskriminierend oder unmoralisch sind. Ich habe gehört, dass Ted im Januar einen Preis erhält, der von einer bundesweiten Organisation zur Verbesserung der Qualität des Fernsehens verliehen wird.

Ein anderes Gemeindemitglied namens Jenny Paige, hat viel Zeit und Geld investiert, um in der Innenstadt eine Einrichtung der Gemeinde aufzubauen, die Südstadtmission genannt wird. Darüber werde ich dir bald Näheres berichten.

Cliff Bright, der Besitzer der Lebensmittelkette »Mr B«, hat aus allen seinen Geschäften Pornohefte, Tabak und hochprozentigen Alkohol verbannt.

Rachel Wingate, die Vorsängerin der Musikgruppe der Gemeinde, hat vor einigen Monaten eine lukrative Rolle in einem Fernsehfilm abgelehnt, und das nur, weil sie die Rolle für moralisch fragwürdig hielt – also nicht dem entsprechend, »was Jesus tun würdc«.

Ohne dass Michael es weiß, habe ich herausgefunden, dass er und Sharon in diesem Jahr auf ihren geplanten dreiwöchigen Urlaub in Italien verzichtet haben, um einer sechsköpfigen Familie zu helfen, die sie in ihrer Südstadtmission kennen gelernt haben. Die Familie hat eine schwere Zeit durchgemacht, nachdem der Vater seinen Arbeitsplatz verloren hatte und sie hohe Arztrechnungen für eines der Kinder bezahlen mussten. Mit dem Geld konnten sie in eine saubere Wohnung ziehen und sich einen Gebrauchtwagen kaufen, damit der Vater seine neue Arbeitsstelle erreichen konnte. Ich habe noch nie ein Gesicht so vor Freude strahlen sehen wie das Gesicht dieses Mannes, als er mir erzählte, wie Michael das Leben seiner Familie verändert hat.

Das Versprechen dieser Menschen zeigt offensichtlich auch über die Gemeinde hinaus seine Wirkung. In der Südstadtmission habe ich am Freitagabend einen jungen Mann namens Keith Walton kennen gelernt, der für Ted Newton bei WFBB arbeitet. Seine Kirche engagiert sich nun auch für die Mission, und er hat erzählt, dass der Pfarrer seiner Gemeinde vor ein paar Monaten eine ähnliche Aktion begonnen hat. Er sagte auch, er wisse noch von mindestens zwei weiteren Gemeinden, die das gleiche Versprechen abgelegt hätten.

Aber ich schweife ab. Wovon ich dir eigentlich berichten will, Pat, sind meine Beobachtungen hinsichtlich des Vorwurfs, mit dem du dich beschäftigen musst, Michael Maxwells »Fanatismus« sei dabei, die Gemeinde zu zersetzen.

Nach meiner Ansicht entspricht dies in keiner Weise den Tatsachen! Es ist vielmehr so, dass das Versprechen offensichtlich zu einem neuen Gemeinschaftsgefühl in der Gemeinde geführt hat, das es Michael zufolge vorher noch nie gegeben hatte. Er vergleicht es mit dem, was die Erfahrungen der Urchristen gewesen sein müssen, und ich kann ihm kaum widersprechen.

Es existiert dort ein echtes Gefühl der Sorge und der Verbundenheit, das das Schriftwort von den ersten Gläubigen, die »alle Dinge gemeinsam hatten«, lebendig werden lässt. Es ist eine erfrischende Abwechslung von den selbstbezogenen Grüppchen, die es heute in so vielen Gemeinden gibt – einschließlich meiner eigenen!

Soweit es die »Zersetzung« der Gemeinde betrifft, gibt es vermutlich mehrere Betrachtungsweisen. Rein statistisch gesehen könnte man vielleicht behaupten, Michael habe einige Gemeindemitglieder »verjagt«. Er sagt selbst, sie hätten ungefähr zehn Prozent der Gemeindemitglieder unmittelbar nach der Ankündigung des Versprechens vor acht Monaten und noch einmal fünf Prozent in den darauf folgenden Monaten verloren. Ohne jeden Zweifel waren viele über diese »Was würde Jesus tun?«-Sache äußerst geteilter Meinung.

Trotz der anfänglich rückläufigen Mitgliederzahlen ist der Kern der engagierten Gemeindemitglieder jedoch geblieben, und nun sieht es so aus, als ob die Gemeinde erneut zu wachsen beginnt, wenn auch langsam. Der Gottesdienst heute Morgen hatte die höchste Besucherzahl seit jenem Sonntag, an dem das Versprechen erstmals bekannt gemacht wurde.

Die größte Unzufriedenheit scheint es in einer relativ kleinen Gruppierung innerhalb der Gemeinde zu geben, die alle, die sich an dem Versprechen beteiligt haben, weiterhin für Fanatiker hält. Hier finden sich vermutlich auch die Autoren des Briefes, den der Vorstand erhalten hat.

Im Großen und Ganzen hat der Geist Gottes aber wohl verhindert, dass ihre negative Haltung eine größere Wirkung entfaltet. Auch darf man nicht vergessen, dass einige der prominentesten Gemeindemitglieder die Bewegung unterstützen.

Ich stimme sicher mit Michael nicht in allem überein, aber ich muss sagen, dass mich das, was ich in der Gemeinde von Ashton gesehen habe, veranlasst, über mein eigenes Leben und mein geistliches Amt noch einmal ganz neu nachzudenken. Obwohl mich schon seit Jahren in einer Kirche nichts mehr zu Tränen gerührt hat, musste ich bei dem Gottesdienst am Freitagabend in der Mission weinen. Es waren weniger die Worte, die dazu führten, als ein unbeschreibliches Gefühl der Verbundenheit mit unserem Vater. Ich fragte mich schließlich selbst: »Wie kommt es, dass so vielen von uns diese Verbundenheit, diese Nähe einfach abhanden gekommen ist – und wir über den Verlust nicht einmal traurig sind?«

Jedenfalls habe ich viel Zeit damit verbracht, Leuten Fragen zu dieser »konsequenten Nachfolge« zu stellen, auf die sich die Gemeinde eingelassen hat. Michael zufolge hat bis heute noch niemand die Nachfolge in einer Weise verstanden, die es nötig machen würde, alle irdischen Besitztümer aufzugeben, sein Geld zu verschenken und so weiter, obwohl einige Gemeindemitglieder aufgrund des Festhaltens an ihrer Überzeugung finanzielle Nachteile hinnehmen mussten. Aber alle fügen schnell hinzu, dass sie keine Kompromisse eingehen würden, wenn sie das Gefühl hätten, dass Jesus in ihrem speziellen Fall so etwas tun würde. Das Versprechen lautet, Jesus ohne Rücksicht auf die Konsequenzen nachzufolgen.

Ich muss aber hinzufügen, dass denjenigen, die entweder Geld oder ihre berufliche Stellung verloren haben, sofort von anderen Mitgliedern der Gemeinde geholfen wurde. Ich habe das teilweise selbst miterlebt, als ich heute Morgen mit Michael bei dem Treffen nach dem Gottesdienst war. Ein junger Journalist, der kürzlich seinen Job verloren hat, stand auf und erzählte, dass er während der letzten Wochen nicht nur mit Geldgeschenken und Mut machenden Postkarten überhäuft worden sei, sondern dass Ted Newton ihm gerade zu einem Job beim Fernsehsender verholfen hat!

Als ich mich umsah, war mir klar, dass keiner dieser Menschen sich auf seinem Weg als Christ alleine fühlt. Ich hätte mir nie träumen lassen, dass es eine so enge christliche Gemeinschaft heute noch geben kann! Ich war fast sprachlos – und, das muss ich zugeben, auch ziemlich neidisch.

Deshalb komme ich jetzt auch zu dem, was eigentlich der Kern dieses Briefes ist. Als wir die Gemeinde heute Nachmittag verlassen hatten, unterhielt ich mich mit Michael stundenlang darüber, welche Ausstrahlung diese eine kleine Gruppe bereits auf Ashton und die angrenzenden Gemeinden hatte. Und je länger wir uns unterhielten, desto spannender wurde das Gespräch.

»Was, glaubst du, würde geschehen«, fragte Michael mich, »wenn Christen im ganzen Land dieses Versprechen ablegen und danach leben würden? Was wäre, wenn in jeder Stadt und jedem Landkreis nur eine Hand voll Christen sich mit Herz und Verstand ganz fest vornähmen, Jesus nachzufolgen, was auch immer die Konsequenzen sein mögen? Was für eine revolutionäre Veränderung das bewirken könnte! Die Menschen könnten heute über uns dasselbe sagen, was sie über die Urchristen gesagt haben – dass wir die ganze Welt auf den Kopf stellen!«

Von dem Moment an wurde unser Gespräch ziemlich übermütig, fürchte ich. Wir malten uns aus, wie wir andere Pastoren dazu ermutigen, ähnliche »Treffen« wie das in der Gemeinde in Ashton zu organisieren. Wenn diese eine Gruppe in wenigen Monaten so viele Veränderungen bewirken konnte, wie viel mehr könnte dann erreicht werden, wenn Gemeinden im ganzen Land sich dem Vorsatz anschlössen, freiwillig einfach das zu tun, was Jesus täte.

Es würde denen den Boden entziehen, die immer wieder behaupten, alle Christen seien Heuchler. Man hätte nicht nur einige »Vorzeigechristen«, auf die man verweisen könnte, sondern sie träfen überall Menschen – am Arbeitsplatz, in den Schulen, in den Medien, in den Familien – die Jesu Liebe durch ihre Taten zeigen würden. Kannst du dir eine wirkungsvollere Botschaft als diese vorstellen?

Aber an diesem Punkt merke ich, wie ich auf einmal zögere. Ich muss mich unwillkürlich fragen, was passieren würde, wenn ich meiner eigenen Gemeinde in der Nazareth Avenue diesen Vorschlag machte. Mir fallen nur sehr wenige Männer und Frauen ein, von denen ich sicher weiß, dass sie bereit wären, für ein solches Experiment alles, was ihnen lieb ist, zu riskieren. Aber würde irgendjemand auf eine Aufforderung eingehen, die lautete: »Komm und leide«?

Was ich an diesem Wochenende in Ashton erlebt habe, hat mich tief bewegt und in meinem Herzen den Wunsch geweckt, die Kraft des Heiligen Geistes auch hier in der Nazareth Avenue stärker zu sehen. Aber ich muss mich auch fragen: »Bin ich selbst bereit, dieses Versprechen abzugeben?« Ich scheue diese Frage – und die ehrliche Antwort. Ich weiß, dass schmerzhafte Veränderungen in meinem Leben nötig wären, wenn ich versprechen würde, seinen Fußstapfen ganz genau zu folgen.

Wie dem auch sei, Pat, ich habe jedenfalls versucht, dir meine ehrliche Meinung über Michael Maxwell und seine Gemeinde zu schreiben – wenn sich auch manches etwas wirr angehört haben mag –, und habe dich damit vielleicht in dieselbe Zwickmühle gebracht, in der ich jetzt selbst sitze. Soll ich mich am nächsten Sonntag vor meine Leute stellen und sagen: »Lassen Sie uns nun alle geloben, von diesem Tag an nichts mehr zu tun, ohne uns zu fragen ›Was würde Jesus tun?‹« Das würde meine Gemeinde zweifellos erschrecken und ärgern. Aber warum eigentlich?

Ich weiß einfach nicht, ob ich den Mut hätte. Und wie steht es mit dir?

In der Liebe unseres Herrn, Carl Bruce

# 18

Es war früher Nachmittag am Heiligabend, und die Südstadtmission war mit roten und grünen Luftschlangen bunt und fröhlich geschmückt. In einer Ecke des Speisesaals stand ein großer, duftender Nadelbaum, der mit Lametta und glänzenden roten Kugeln verziert war.

Der Duft von Truthahn zog durch die Räume und ließ alle ungeduldig dem Abendessen entgegenfiebern. Draußen waren die Bürgersteige überfüllt mit der immer größer werdenden Menge hungriger Menschen, die versuchten, einen möglichst günstigen Platz in der Schlange vor der Essensausgabe zu bekommen.

»Na, wie sieht das aus?«, fragte Lauren Woods, als sie einen Topf mit Weihnachtssternen mitten auf den langen Buffettisch stellte. Rachel Wingate, die eine aufgerollte silberne Girlande in der einen Hand hielt, machte ein paar Schritte rückwärts, um die Wirkung zu bewundern. »Perfekt«, antwortete sie.

Die beiden jungen Frauen arbeiteten schon seit ein paar Stunden daran, die Mission für das Festessen herauszuputzen. Während sie Girlanden aufhängten und Papiertischdecken ausbreiteten, hatte Lauren Rachel zum ersten Mal von ihrer Idee eines Hilfsprogramms für jugendliche Mütter in der Südstadt erzählt.

»Ich würde es gerne ›Kinder mit Kindern‹ nennen«, sagte sie. »Einige der Mädchen, mit denen ich hier gesprochen habe, sind erst dreizehn oder vierzehn und haben schon ein Kind. Sie haben keinen blassen Schimmer, wie man mit Kleinkindern umgeht, weil sie selbst noch Kinder sind. Ich habe angefangen, mit einigen von ihnen zu arbeiten – einfach etwas über Körperhygiene erzählt – und sie sind regelrecht aufgeblüht! Das hat mir zu denken gegeben. Wenn ich mich einmal wöchentlich mit ihnen treffen könnte, um ihnen einige grundlegende lebenspraktische Dinge beizubringen, wie zum Beispiel Säuglingspflege oder Bewerbungsstrategien, und mit ihnen vielleicht ab und zu einen Ausflug machen würde, um sie in eine andere Umgebung zu bringen, könnte das den Kreislauf durchbrechen, der sie dazu verurteilt, hier in der Südstadt zu leben.«

Rachel zeigte sich beeindruckt. »Lauren, das ist eine fabelhafte Idee! Hast du schon mit Jenny darüber gesprochen? Ich bin überzeugt, dass sie bei der Finanzierung helfen würde.«

Lauren begann zu strahlen. »Glaubst du wirklich? Das war meine einzige echte Sorge – Zeit habe ich genug, aber kein Geld übrig.« Sie zögerte einen Moment, bevor sie fragte: »Würdest du mich begleiten, wenn ich mit ihr darüber spreche? Ich habe irgendwie Angst vor Jenny.«

Rachel lachte. »Nach außen gibt sie sich knallhart, aber ich kenne niemanden mit einem weicheren Kern. Trotzdem komme ich natürlich mit, wenn du das möchtest.« Sie unterbrach das Gespräch, um ein paar weihnachtlich bedruckte Papierservietten zu einem ansprechenden Fächer zu falten. Dann fragte sie: »Übrigens, wie geht es eigentlich Mrs Robinson? Ich habe gehört, dass du ihr nach dem Unfall hier und da geholfen hast.«

Diesmal war es Lauren, die lachen musste. »Ich weiß nicht, ob ich ihr geholfen oder sie zum Wahnsinn getrieben habe, aber ich habe versucht, so etwa jeden zweiten Nachmittag vorbeizukommen, um in ihrem Haus etwas aufzuräumen und dafür zu sorgen, dass sie genug Fertiggerichte im Gefrierschrank hat.

Soweit ich das beurteilen kann, hat ihr Neffe keinen Finger für sie gerührt, und es geht ihr immer noch ziemlich schlecht. Sie beklagt sich ständig, dass es mit ihrem Genick schlimmer statt besser wird. Ich glaube, sie ist fremde Hilfe nicht gewohnt.«

»Trotzdem bin ich froh, dass du es tust. Selbst wenn sie nie danke sagt, verdienst du dir immer noch –«

»Ich weiß, ich weiß«, unterbrach Lauren sie lächelnd. »Ich werde ›einen Schatz im Himmel haben‹. Das sage ich mir auch immer. Jedes Mal, wenn sie mich anmeckert, dass ich die Küche nicht so sauber mache, wie sie es gewohnt ist, oder dass man sich im Boden spiegeln kann, wenn *sie* ihn geputzt hat, möchte ich am liebsten gehen und sie versuchen lassen, alles selbst zu machen. Aber –«, sie zuckte mit den Schultern. »Das ist nicht unbedingt, was Jesus tun würde, oder?«

Rachel grinste. »Nein, aber wahrscheinlich das, was *ich* tun würde. Der Schatz im Himmel muss einen schon ganz schön reich machen, damit man sich mit so was abfindet!«

Ein paar Minuten später kamen Jenny und Roger Paige herein. Roger verschwand wie üblich sofort im Nebenzimmer, als er Rachel sah. Rachel blickte ihm nachdenklich hinterher.

Jenny bemerkte den Blick. »Sag mal, Rachel, habt ihr euch über irgendetwas gestritten, Roger und du?«, fragte sie erstaunt. »Mir ist aufgefallen, dass er dir gegenüber nun schon seit Wochen ziemlich kurz angebunden ist.«

»Wir hatten keine Gelegenheit uns zu streiten, so wenig, wie wir miteinander geredet haben. Das letzte Mal, dass ich mehr als ein paar Worte mit ihm gewechselt habe, war der Abend, an dem er hierher gekommen ist. Aber da hat Jason uns unterbrochen und mich weggeholt.«

Als der Name Jason fiel, legte sich ein Schatten über ihr hübsches Gesicht. Er hatte sich seit ihrer Trennung nicht mehr blicken lassen. Offensichtlich hatte er sich von Gott und seinem Glauben völlig distanziert.

Rachel atmete einmal kurz durch und lächelte angestrengt. »Ich würde mir über Rogers Benehmen keine Sorgen machen«, fügte sie scherzhaft hinzu. »Es hat wahrscheinlich mit seiner frühen Kindheit zu tun. Man sagt, seine Mutter sei ein echter Haudegen.«

Jenny und Lauren lachten beide, und die Spannung legte sich. Bald unterhielten sich alle freudig über Laurens Pläne für »Kinder mit Kindern«.

Aber als Jenny an jenem Abend nach Hause kam, hielt sie Roger zurück, als er sich nach dem Essen sofort zurückziehen wollte. Ihr Sohn ließ sich auf das kleine, geblümte Sofa in der Ecke fallen und sah sie fragend an. Sie erwiderte seinen Blick und gab die Frage so wortlos an ihn zurück.

»Rachel Wingate«, sagte sie vorsichtig, »ist eine bemerkenswerte junge Frau. Mir ist sonst noch niemand in ihrem Alter begegnet, der so bereitwillig Verantwortung übernehmen oder für andere so hart arbeiten würde.«

Roger räusperte sich. »Ja, sie arbeitet hart, das stimmt«, sagte er teilnahmslos.

Jenny musterte ihn erstaunt. »Ich kenne auch nicht viele andere Mädchen mit so einem Talent, die wegen ihrer Überzeugungen eine Rolle in einem Film abgelehnt hätten. Kennst du da jemanden?«

»Nein«, antwortete Roger knapp.

Jenny beschloss, die vornehme Indirektheit aufzugeben. »Warum bist du dann so unverschämt zu ihr?«, forderte sie ihn heraus. »Wenn sie den Raum betritt, gehst du raus. Wenn sie mit dir spricht, gibst du kaum eine Antwort. Ich habe heute Abend ihr Gesicht gesehen – du hast sie verletzt! Warum um alles in der Welt behandelst du sie so?«

Roger sprang erregt auf und begann hin- und herzulaufen, wobei er auf den Boden starrte. Schließlich blieb er stehen und sah sie an. »Hast du eine Ahnung, was ich *wirklich* empfinde?«, fragte er.

Sie sah ihn verwirrt an, und langsam wurde ihr Gesichtsausdruck verständnisvoller. »Du –?«

»Ich habe mich wahrscheinlich schon an dem Abend in Rachel verliebt, als du sie das erste Mal hierher gebracht hast«, sagte er beinahe wütend. »Mir war es in dem Moment nicht bewusst, aber danach war nichts mehr so wie vorher. Sie ist anders als alle Frauen, die mir je begegnet sind.« Mit einem Mal wurde seine Stimme sanfter. »Ich glaube, was mich am meisten an ihr fasziniert hat, war – ich weiß nicht – die Liebe, die ich in ihrem Gesicht gesehen habe. Ich habe es damals nicht erkannt, aber es war ihre Liebe zu Jesus.«

Er machte eine Pause und sagte dann: »Wenn sie jemand anderes gewesen wäre, irgendeine andere Frau, hätte ich versucht, sie zu bekommen – ohne Rücksicht auf Jason Clark. Aber mit ihr –« Er brach den Satz ab und zuckte mit den Schultern. »Irgendwie habe ich es nicht fertig gebracht, mit ihr diese Spielchen zu spielen.«

»Aber warum sagst du es ihr jetzt nicht? Du könntest wenigstens einmal mit ihr ausgehen, anstatt sie vor den Kopf zu stoßen!«

Er schüttelte bereits den Kopf. »Verstehst du nicht, Mama? Rachel ist – Rachel ist *rein*, es gibt kein besseres Wort. Sie würde sich nie für jemanden wie mich interessieren. Ich weiß zwar, dass ich in

Jesus Christus ›neu geboren‹ bin und so weiter, aber wenn sie mich anschaut, wird sie in mir immer den Egoisten und Weiberheld sehen. Sie könnte mich nie ernst genug nehmen, um mich zu lieben, nicht so jedenfalls.«

Jenny sagte nichts dazu. Sie war mit dem Schluss, zu dem ihr Sohn gekommen war, nicht einverstanden, aber sie war klug genug, nicht dagegen anzureden, da er sich offensichtlich darauf versteift hatte.

Er merkt es noch nicht, dachte sie, aber er wandelt sich schon von einem moralischen Schwächling zu einem starken und mutigen Mann. Eines Tages wird er vielleicht der Mann sein, dem Rachel ohne zu zögern ihr Herz schenken könnte.

*

Für viele der jungen Leute in Ashton begann das neue Jahr genauso wie die Jahre zuvor – mit feuchtfröhlichen Partys und einem Zug durch die Szenekneipen. Roger Paige allerdings begrüßte das neue Jahr ohne seine Freunde aus den Kneipen, und das war eine Erfahrung, die ihn völlig aus dem Konzept brachte. Mehrere Leute aus der Gemeinde hatten ihn zu Gesellschaftsspielen oder zu einem Videoabend eingeladen, aber dafür konnte er sich nicht so recht begeistern. Seit seiner Bekehrung fragte er sich nun schon zum hundertsten Mal: *Dürfen Christen keinen Spaß haben, außer Monopoly zu spielen?*

Als er spät in der Nacht noch alleine auf war, kam ihm langsam eine Idee. Nach ein paar Minuten sprang er auf, rannte die Treppe hinunter und suchte Bleistift und Papier. Dann machte er sich ein Sandwich und setzte sich an den Küchentisch.

Er überlegte einen Moment, dann notierte er schnell:

Die Partystation – ein christlicher Musikclub
rauchfrei und alkoholfrei
Neue christliche Bands, exzellente Küche
Live-Unterhaltung.

Er starrte auf das, was er geschrieben hatte, bis die Buchstaben verschwammen. War das realistisch? Könnte das klappen?

*

Es war ein frostiger Morgen Mitte Januar, und Martha Robinson war zum ersten Mal seit ihrem Unfall wieder sonntags in der Kirche. Sie drängte sich langsam durch den Mittelgang und versuchte zu verhindern, dass andere auf ihre immer noch schmerzenden Zehen traten, als Larry, ein Diakon, lächelnd auf sie zutrat.

»Martha!«, rief er laut. »Schön, Sie wieder zu sehen. Sie waren ja seit Wochen nicht hier.«

Martha schaute ihn ärgerlich an. »Seit *sechs* Wochen«, antwortete sie mit scharfer Stimme.

Larry beachtete den Tonfall nicht. Stattdessen nahm er sie zur Seite. »Kommen Sie mal hierher. Haben Sie schon etwas vom Vorstand gehört?«, fragte er und schaute sich um, ob jemand sie hören konnte. »Es sieht so aus, als wäre schon eine Entscheidung gefallen.«

»Nein, ich habe noch gar nichts gehört«, sagte sie verlegen. »Und ehrlich gesagt, wissen Sie, habe ich mir überlegt –« Sie brach mitten im Satz ab und war sich offenbar nicht sicher, ob sie weiterreden sollte.

»Was? Was haben Sie sich überlegt?«

Sie warf ihm einen durchdringenden Blick zu. »Erlauben Sie mir eine Frage, Larry. Wie oft haben Sie mich besucht, während all dieser Wochen, als ich nicht in der Kirche war, oder wann haben Sie wenigstens angerufen, um sich zu erkundigen, wie es mir geht?«

»Äh, ich – nun ja, Martha«, sagte er betreten, »Sie wissen, wie viel ich arbeite. Außerdem, hat Ihnen Ihr Neffe nicht geholfen?«

»Mein Neffe«, antwortete sie kühl, »ist zu nichts zu gebrauchen. Soweit ich es überblicken kann, sind eigentlich die meisten meiner so genannten ›Freunde‹ zu nichts zu gebrauchen. Der einzige aus unserem Kreis, der irgendetwas für mich getan hat, war John. Er hat mich zweimal besucht und für mich eingekauft.«

Sie rückte ihre Brille zurecht. »Wissen Sie, wer während der ganzen Zeit immer wieder gekommen ist? Lauren Woods und noch einige andere von denen, die das Versprechen abgelegt haben. Selbst Pfarrer Maxwell hat sich die Zeit genommen, mehrmals pro Woche vorbeizukommen. Lauren und der Pfarrer haben jedes Mal, als sie da waren, für mich gebetet. Ich weiß nicht, was ich ohne sie alle hätte machen sollen.«

Larry sah betreten aus. »Es tut mir Leid, wirklich. Aber das ändert nichts an der Tatsache, dass diese ›Was würde Jesus tun?‹-Geschichte langsam die Gemeinde ruiniert. Dagegen müssen wir nach wie vor etwas unternehmen.«

»Nun, ich hatte genug Zeit, mir darüber Gedanken zu machen. Und wissen Sie was? Ich hatte Unrecht. Die Gemeinde wächst wieder – sie wächst langsam, aber sie wächst. Ich glaube, wir sollten die Dinge einfach so lassen, wie sie sind.«

Er starrte sie verblüfft an, aber noch bevor er etwas sagen konnte, fügte sie schnell hinzu: »Ich habe dem Vorstand schon einen Brief geschrieben und ihm mitgeteilt, was ich mir überlegt habe. Wenn Sie mich jetzt bitte entschuldigen würden, Larry. Der Gottesdienst beginnt gleich.«

Larry stand mit offenem Mund da, als er mit ansehen musste, wie Martha sich in einer Bank zu den Powells setzte. Wenn die anderen davon erfuhren!

*

Rachel Wingate betrat gerade den christlichen Buchladen von Ashton, als ein junger Mann durch die Tür stürmte und sie beinahe zu Fall brachte. Als er ihren erschrockenen Aufschrei hörte, fasste er sie schnell am Arm, damit sie nicht stürzte. Sie blickte auf und sah, dass die starken Arme, die sie stützten, Roger Paige gehörten.

»Rachel!«, sagte er, und seine hellen blauen Augen blitzten. »Ist alles in Ordnung?« Aber schon im nächsten Moment wirkte er wieder so reserviert wie gewohnt. Zögernd entließ er sie aus seinem festen Griff.

»Mir ist nichts passiert«, sagte sie. »Ich wollte gerade für unser Konzert nächsten Monat ein paar Noten kaufen. Wo musst du denn so dringend hin?«

»Ich muss mit ein paar Leuten telefonieren.« Er hielt einen Augenblick inne und fragte dann: »Hast du in letzter Zeit mit meiner Mutter gesprochen?«

Rachel schüttelte den Kopf. »Wir hatten beide so viel zu tun, dass uns keine Zeit mehr geblieben ist. Warum? Was ist los?«

Er zögerte wieder, aber das Thema schien einigermaßen unverfänglich – und er musste unbedingt jemandem davon erzählen. Er entschied sich spontan, sich ihr anzuvertrauen.

»Also,« sagte er, »vor ein paar Wochen hatte ich die Idee, eine Art christliche Kneipe zu eröffnen, wo man als Christ am Wochenende hingehen, gute Musik hören und vielleicht sogar ein paar nicht fromme Freunde treffen kann.«

Er hielt die Tür offen und ließ Rachel vor ihm in den Buchladen. Als sie gemeinsam an den Regalen vorbeigingen, erzählte er ihr aufgeregt von seinen Ideen.

»Ich habe die Telefonnummern einiger christlicher Bands aus der Region herausgefunden, die man freitags und samstags abends engagieren könnte. Und ich habe schon mit dem DJ eines christlichen Radiosenders gesprochen, der mit einsteigen würde. So, wie ich mir die Sache vorstelle, hätten wir eine Sandwichkarte, eine alkoholfreie Bar und vielleicht ein paar kleine Tische, an denen die Leute sitzen und sich unterhalten könnten. Wir könnten sogar Billardtische aufstellen – die dann einmal nicht in Zigarettenqualm eingehüllt wären.«

Die Begeisterung für seine Idee stand ihm ins Gesicht geschrieben. Rachel musste anerkennend feststellen, welche Stärke und Zielstrebigkeit er mit einem Mal besaß.

Er hatte noch mehr zu erzählen: »Wenn wir es richtig machen, könnten wir, glaube ich, nicht nur die ›Partyszene‹ für Jesus gewinnen, sondern auch geschäftlich erfolgreich sein. Mutter und ich haben uns ein Objekt in Ashton-Nord angesehen, das fast perfekt wäre. Da gibt es schon eine kleine Küche, Parkettböden für die Tanzfläche, alles. Wenn wir es für einen akzeptablen Preis haben können, werden wir es kaufen.«

»Es ist eine super Idee, Roger!«, lachte Rachel begeistert, als er eine Pause machte. »Wie bist du darauf gekommen?«

Er lachte. »Aus Verzweiflung, mehr oder weniger. Es war am Silvesterabend, als ich mich fast zu Tode gelangweilt habe. Ich bin wohl einfach nicht so wie die meisten anderen Christen. Ich bin anders als die Leute, die in der Sonntagsschule unterrichten oder in der Mission helfen.« Er lächelte, damit seine Worte nicht so überheblich klangen. »Aber vor allem muss ich immer daran denken, dass niemand wenigstens *versucht*, die Leute zu erreichen, mit denen ich früher immer ausgegangen bin. Ich habe gebetet und Gott gefragt, wie ich sie erreichen kann. Ich denke, dies ist vielleicht die Antwort.«

Nachdem Rachel ihre Noten bezahlt hatte, ging sie gemeinsam mit Roger nach draußen. Vor dem Geschäft blieben sie stehen und waren beide plötzlich verlegen.

»Weißt du«, sagte Rachel schließlich, »du scheinst ein völlig anderer Mensch zu sein als noch vor ein paar Monaten. Du warst immer so aufgeblasen und so ironisch, aber jetzt bist du viel – ich weiß nicht, aufrichtiger wahrscheinlich, in Bezug auf Gott und dein eigenes Leben.«

Er lächelte unsicher. »Ich glaube, Gott arbeitet in kleinen Schritten an mir, aber ich muss noch viel aufholen.«

»Vielleicht weniger, als du denkst. Ich habe wirklich Respekt vor dir, Roger, seit du deine Einstellung geändert hast.«

Einen Moment lang herrschte betretenes Schweigen. Dann sagte Roger zögerlich: »Danke – vielen Dank, Rachel. Was du gesagt hast, ist sehr wichtig für mich.« Als er sie ansah, konnte sie in seine Augen sehen. Und in diesem Augenblick begriff Rachel, was Roger für sie empfand.

Ein paar Minuten später fuhr sie nach Hause, und ein neues Gefühl der Freude begann sie zu ergreifen. Roger ist genau das, was ich in Jason immer sehen wollte, dachte sie und erinnerte sich an seinen Überschwang, als er davon sprach, seine alten Freunde für Jesus gewinnen zu wollen. Ich glaube, ich verstehe vielleicht langsam, was es bedeutet, von einem Mann geliebt zu werden, der wirklich Charakter hat.

Und als Roger nach Hause fuhr, spürte er ein wenig neue Hoffnung, als er sich daran erinnerte, wie Rachel ihn mit ihren graugrünen Augen angesehen hatte.

## 19

Der Winter war vorbei und das Jahr beinahe zu Ende – das Jahr, das Michael Maxwell als zeitlichen Rahmen für das Versprechen bestimmt hatte. Als das genaue Datum näher rückte, kam von verschiedenen Seiten der Vorschlag, an diesem Sonntag einen besonderen Gottesdienst zu feiern und anschließend ein Festessen unter freiem Himmel in einem nahe gelegenen Park zu veranstalten. Michael hielt das für eine gute Idee, und so begann man mit den Vorbereitungen.

In den vergangenen drei Monaten waren einige bemerkenswerte Dinge geschehen, dazu zählte Martha Robinsons geänderte Meinung über die »Was würde Jesus tun?«-Bewegung ebenso wie die junge Liebe zwischen Rachel Wingate und Roger Paige. Am Valentinstag war Rachel mit einem wunderschönen Ansteckbukett aus Rosen und einem strahlenden Lächeln zur Kirche gekommen, Arm in Arm mit Roger. Von Jenny Paige erzählte man, sie sei überglücklich.

Die andere große Neuigkeit hatte mit dem christlichen Tanzlokal zu tun, das Roger Paige im Norden von Ashton eröffnet hatte. Es war »Die Partystation« getauft worden und hatte bei Christen wie Nichtchristen in der Stadt sofort großes Aufsehen erregt.

»Das ist ja echt gut hier!«, hatten einige überraschte Besucher ausgerufen, die Roger zuliebe gekommen waren. Sein Freund Dennis gab sogar zu: »Bei christlicher Musik habe ich immer nur an alte Kirchenlieder und so ein Zeug gedacht. Aber die Bands hier spielen besser als die im Mardi Gras!«

Obwohl Zack, der DJ der Partystation, es vermied, den Gästen langatmig zu »predigen«, gelang es ihm, hin und wieder zwischen den Liedern in kurzen Moderationen die Leute auf Jesus aufmerksam zu machen. Nach vier Wochen war das Tanzlokal regelmäßig voll und begann, einen Gewinn abzuwerfen. Verschiedene alt eingesessene Klubs, darunter auch das Mardi Gras, beschwerten sich sogar lautstark, ihre Umsätze gingen zurück. Die freundliche und fröhliche Atmosphäre der Partystation erwies sich als harte Konkurrenz für die düsteren Orte, an denen die Freude meist aus der Flasche kam.

Als es noch zwei Wochen bis zum Jahrestag des Versprechens waren, machte Rachel Wingate einen Vorschlag: »Ich habe immer noch Kontakt zu den Andersons, den Großeltern der kleinen Hallie Collier, und ich hatte da eine Idee«, erzählte sie Michael Maxwell. »Glauben Sie, wir könnten sie zum Jahrestagsgottesdienst einladen, sozusagen im Andenken an ihre Tochter?«

Michael nickte nachdenklich. »Gute Idee. Vielleicht ist es ein Trost für sie, was Brenda Collier hier in Gang gebracht hat und was daraus geworden ist.«

»Ich rufe sie an. Hoffentlich können sie kommen. Ich würde Hallie so gerne wiedersehen. Ich habe mit ihr ein paar Mal am Telefon gesprochen und sie klingt so süß. Sie ist bestimmt ganz schön gewachsen im letzten Jahr!«

Als sie zurück in ihrer Wohnung war, suchte Rachel schnell die Telefonnummer heraus, und ein paar Minuten später sprach sie mit Mrs Anderson.

»Rachel! Wie geht es Ihnen, meine Liebe?« Mrs Anderson freute sich immer, von der jungen Frau zu hören.

Rachel erklärte, warum sie anrief, und nach einem kurzen Gespräch sagten die Andersons, sie kämen liebend gerne zu dem Jahrestagsgottesdienst nach Ashton. Jenny Paige bot dem älteren Ehepaar an, bei ihr in der Villa zu übernachten.

Während der nächsten zwei Wochen herrschte eine besondere Atmosphäre in der Gemeinde, in der sich jeder still seine Gedanken über das nun fast vergangene Jahr machte. Einige dachten laut darüber nach, was jetzt geschehen würde, wo die Zeit des Versprechens vorüber war, während andere den kommenden Jahren mit noch größeren Erwartungen entgegensahen. Eines war sicher: Keiner von denen, die das Versprechen gehalten hatten, war noch derselbe wie vorher.

Michael Maxwell bereitete seine Predigt für den Jahrestagssonntag vor und gründete sie auf den Text: »Was geht es dich an? Folge du mir nach« (Johannes 21,22). Als er sich an den Tag vor fast einem Jahr erinnerte, an dem seine Predigtvorbereitung von einer Fremden an seiner Haustür gestört worden war, musste er wieder einmal staunen über all die Veränderungen, die es seitdem in seinem Leben gegeben hatte. Jetzt verließ er sich nicht mehr auf geistreiche Formulierungen oder einen effektvollen Vortrag, um den Zuhörern seine Botschaft zu vermitteln, sondern betete lange und intensiv vor jedem Gottesdienst, dass die göttliche Gegenwart sich zeigen möge, um seine unzureichenden Worte mit Leben zu erfüllen und die Herzen der Versammelten mit dem zu erreichen, wonach sie sich sehnten.

Schneller, als es den Mitgliedern der Gemeinde vorkam, war der Jahrestagssonntag da. Anders als an dem Morgen vor einem Jahr war es bedeckt und regnerisch. Die Tische für das anschließende Essen im Freien wurden schnell in einen geschlossenen Raum gebracht. Trotz des Regens war die Kirche bis auf den letzten Platz besetzt. Dr. Carl Bruce war sogar eigens aus Chicago hergekommen, um Michaels Einladung zum Gottesdienst folgen zu können.

Als Rachel, begleitet von der Musikgruppe, die Eröffnungslieder sang, lächelte sie zu Hallie herüber, die in der ersten Bank zwischen ihren Großeltern und Jenny und Roger Paige saß. Als sie sich schließlich wieder zu ihnen setzte, nahm sie neben Roger Platz und streckte ihre Arme auffordernd zu Hallie aus. Das kleine Mädchen lachte und krabbelte über Mrs Anderson, um auf Rachels Schoß zu sitzen. Roger lächelte sie an und fasste zu ihr herüber, um an einer ihrer kleinen dunkelbraunen Locken zu zupfen.

Der Gottesdienst an jenem Morgen fand in einem Geist erhebender Freude statt, der viele derjenigen, die zum ersten Mal gekommen waren, innerlich berührte, manche aber auch verwunderte. Die Versammelten hörten aufmerksam zu, als Michael die Geschichte vom reichen Jüngling vorlas und dann davon sprach, »das Leben zu verlieren, um es zu gewinnen«. Er stellte den Zusammenhang her zwischen dem Ruf Jesu, ihm nachzufolgen, und dem Experiment, mit dem die Gemeinde vor genau einem Jahr begonnen hatte.

»Viele von Ihnen, die heute hier versammelt sind, können sich zurückerinnern und über die Veränderungen staunen, die bei ihnen persönlich und in ihren Familien als Folge dieses Experimentes eingetreten sind«, sagte er.

»Viele andere würden vielleicht heute Morgen nicht hier sitzen, wenn sie nicht bei jemandem die Liebe Gottes hätten erkennen können.«

Epimenio Garza lächelte seine Frau an, dann schauten beide zu Cliff Bright herüber. Sein rundliches Gesicht, das müde aussah von all den Schwierigkeiten, die er in den vielen Monaten sowohl zu Hause als auch im Geschäftsleben gehabt hatte, hellte sich sofort auf, als er ihr dankbares Nicken sah. In der ersten Bank legte Roger Paige seinen Arm zärtlich um Rachel. In der ganzen Kirche zeugte hier ein Lächeln und da eine kleine Geste von der engen Verbundenheit der Lebenswege dieser Menschen in der Liebe Jesu.

»Niemand von uns hätte sich damals vorstellen können«, fuhr

Michael fort, »was für Wunder geschehen, welche Türen sich öffnen würden, wenn nur ein paar Menschen damit anfangen, ihr Leben einer einfachen Regel zu unterwerfen: sich zu fragen, was Jesus tun würde, und es dann zu tun. Für viele von uns war es eine Erfahrung, die wir jetzt nicht einfach beenden wollen.«

Er machte eine Pause und blickte kurz zu den Andersons herüber. »Ich werde immer bedauern, dass erst eine Tragödie geschehen musste, um uns aufzurütteln«, sagte er leise. »Doch jetzt, da wir aufgewacht sind, bete ich inständig darum, dass wir alle weiterhin unser Leben Tag für Tag, Woche für Woche nach derselben einfachen Regel leben.«

Die Predigt war etwas kürzer als gewohnt, und anstatt mit dem üblichen Gebet zu schließen, forderte Michael die Anwesenden auf, sich einen Augenblick lang zu überlegen, wie es in ihrem Leben aussah. Wenn sie Gott darum bitten würden, käme der Heilige Geist auch in ihre Herzen.

Schließlich betete Michael mit lauter Stimme, Gott möge jedem Einzelnen auf seinem Lebensweg segnend nahe sein, wenn sie versuchen würden, in Jesu Fußstapfen zu folgen. Danach begannen die Zuhörer nur langsam sich zu regen, und viele gingen schweigend hinaus.

Dr. Carl Bruce saß noch mit Michael zusammen in der Kirche, lange nachdem die meisten schon auf dem Weg zum Picknick waren. Sein Gesicht sah blass aus und strahlte doch Entschlossenheit aus, als er die Hand des Freundes herzlich drückte.

»Ich habe heute einen Entschluss gefasst, Michael«, sagte er unumwunden. »Seit ich hierher gekommen bin und gesehen habe, was du mit deiner Gemeinde zu Stande bringst, ringe ich mit mir selbst.« Er machte eine Pause und schüttelte den Kopf. »Ich schäme mich zugeben zu müssen, dass ich zu feige oder vielleicht zu egoistisch war, um denselben Schritt zu tun, den du hier gewagt hast. Ich kann mir nicht vorstellen, dass meine Gemeinde zu Hause eine Herausforderung annehmen würde, die den Mitgliedern auch nur das geringste Opfer abverlangen würde, aber vielleicht schätze ich sie ja falsch ein. Jedenfalls habe ich beschlossen, sie damit zu konfrontieren, sobald ich wieder in Chicago bin.«

Er sah Michael an, in dessen Blick große Sympathie erkennbar war. Carl Bruce lächelte ein wenig verkrampft, bevor er weiterredete. »Jetzt möchte ich dich um einen Gefallen bitten. Könnte ich dich und vielleicht noch ein paar deiner Leute dazu überreden, mit nach Chicago zu kommen und meiner Gemeinde zu erzählen, was hier in Ashton geschehen ist?«

Michael dachte einen Moment darüber nach und nickte dann zustimmend. »Ich komme sehr gerne und könnte vielleicht Alex, Cliff, Ted, Jenny und noch ein paar andere mitbringen. Wie wäre es in drei Wochen? Ist das früh genug?«

»Das wäre phantastisch! Ich danke dir herzlich, Michael, und bitte richte auch den anderen meinen Dank aus. Ich würde gerne noch zum Picknick bleiben, aber ich muss zurück nach Chicago. Kann ich dich irgendwann nächste Woche anrufen?«

»Selbstverständlich. Und noch etwas, Carl –« Michael legte eine Hand auf die Schulter seines Gegenübers. »Du wirst vielleicht überrascht sein, wie deine Leute reagieren. Meine Gemeinde hat mich jedenfalls ziemlich überrascht.«

Beim Picknick am Nachmittag hatte Michael Gelegenheit, mit allen außer Cliff Bright zu sprechen. Seine Frau machte sich nichts aus Picknicks, und weil sie darauf bestanden hatte, waren sie gleich nach dem Gottesdienst nach Hause gefahren. Aber Jenny, Roger und Rachel waren allesamt begeistert von der Idee, mit nach Chicago zu kommen, und Alex Powell und Ted Newton schlossen sich mitsamt ihren Ehefrauen an. Daniel Marshall und Patricia West zeigten ebenfalls Interesse, konnten aber noch nicht sagen, ob sie an diesem Tag Zeit haben würden. Sie versprachen Michael, ihm rechtzeitig Bescheid zu geben.

Ein paar Tage später rief Michael Cliff Bright in seinem Büro an. Nachdem er den Zweck der Reise nach Chicago erklärt hatte, fragte er den Einzelhändler, ob er Zeit finden würde mitzukommen. Cliff antwortete sofort, er käme gerne, fügte aber überflüssigerweise hinzu, er habe Zweifel, ob seine Frau Lust haben würde, ihn zu begleiten. Noch am selben Tag rief Rachel Michael an und erzählte, die Andersons hätten sich auf Drängen von Jenny Paige entschlossen, noch ein paar Wochen in Ashton zu bleiben, und würden sicher auch gerne mit nach Chicago kommen.

»Je mehr kommen, desto besser«, sagte Michael gut gelaunt. »Ich habe heute Morgen mit Carl gesprochen, und jetzt, wo er sich für die Sache einsetzen will, klingt er ganz aufgeregt. Er hat sich eigens mit einer kleinen Gruppe von Diakonen getroffen, um darum zu beten, dass Gott während des Gottesdienstes die Herzen der Menschen berühren möge.«

Während der nächsten Wochen, als sich in der Gemeinde herumsprach, dass es in Chicago bald einen »besonderen Gottesdienst« geben werde, nahmen sich viele vor, ernsthaft für die Gemeinde dort zu beten. Als der Tag näher rückte, beteten die Gläubigen sowohl in Ashton als auch in Chicago wie nie zuvor, angespornt von einem tief empfundenen Gefühl der Dringlichkeit, das sie selbst nicht ganz verstanden. Wie eine unsichtbare Wolke wohlriechenden Weihrauchs stiegen die Fürbitten zum Himmel auf.

Am nächsten Samstagnachmittag fuhren Michael und Sharon Maxwell nach Chicago. Carl Bruce und seine Frau Kathy hatten sie eingeladen und ihnen angeboten, doch bei ihnen zu übernachten, damit sie für den Gottesdienst am nächsten Morgen ausgeruht und frisch wären. Jenny, Roger und Rachel kamen an diesem Nachmittag ebenfalls an und quartierten sich in einem Hotel in der Nähe der Kirche ein. Die meisten anderen hatten vor, früh am Sonntagmorgen loszufahren.

An jenem Abend genossen die Maxwells mit ihren Gastgebern ein schönes Abendessen in ruhiger Atmosphäre und unterhielten sich dann ausführlich über das Christentum in der heutigen Zeit. Wie konnten sich die Kirchen in ihrem Land nur so weit von Jesus entfernt haben, dass die verzweifelten und sterbenden Menschen ihn dort nicht mehr fanden? Und wie hatten Christen sich einreden können, dass der Weg des Kreuzes ohne Konsequenzen für die Habgier und die Selbstbezogenheit in ihrem Leben gangbar sei?

»Was auch immer morgen früh passieren wird«, sagte Carl schließlich, »ich bin fest davon überzeugt, dass es in Gottes Sinne ist, wenn ich diese Gemeinde so eindringlich auffordere, ihm ernsthafter zu folgen.«

Am späten Abend, als die anderen schon lange schliefen, war Michael noch immer hellwach. Als er in die Dunkelheit hinaufstarrte, gingen ihm all die Dinge nicht aus dem Kopf, über die er mit Carl geredet hatte. Stimmte es, dass die Kirchen in Amerika größtenteils die Kraft verloren hatten, eben jene verlorenen und verletzten Menschen zu erreichen und aufzurichten, die in den Anfängen der Kirche mehr als alle anderen erreicht worden waren? Stimmte es, dass die Christen heute in der Regel kein Interesse mehr hatten, in Jesu Fußstapfen zu folgen, sobald es bedeutete, um seinetwillen Nachteile zu erleiden?

Plötzlich hielt er es im Bett nicht mehr aus. Er stand auf und ging leise in Carls Arbeitszimmer, wo er sich vor dem Sofa hinkniete und zu beten begann. Je länger er für die Kirche Fürbitte einlegte, desto mehr erfüllte ihn ein tiefer Schmerz, der fast körperlich war. Er hatte noch nie so sehr mit sich ringen müssen, nicht einmal während seiner intensivsten Erlebnisse in Ashton.

Er verbrachte fast die ganze Nacht im Gebet, bis er sich schließlich kurz vor Tagesanbruch erhob, um für ein paar Stunden Schlaf zurück ins Bett zu gehen.

## 20

Am Sonntagmorgen kamen so viele Menschen in die große Kirche in der Nazareth Avenue, wie sie aufnehmen konnte. Als Michael Maxwell nach seiner durchwachten Nacht auf die Kanzel stieg, spürte er sofort die gespannte Neugier unter den Mitgliedern der

Gemeinde. Die meisten hatten von der Bewegung in Ashton gehört, und viele von ihnen waren eigens gekommen, um etwas über das »Versprechen« zu erfahren und wie es seinen Anfang genommen hatte. Einige wenige waren wahrscheinlich auch in der Absicht gekommen, sich über die Idee lustig zu machen.

Aber Michael erahnte auch etwas Tieferes und Ernsteres als bloße Neugier in ihren Gesichtern. Er schaute kurz hinüber zu Carl Bruce, der in der ersten Bank saß. Ich möchte diesen Menschen so viel sagen, dachte er. Herr Jesus, bitte schenke mir die rechten Worte, um ihnen heute deine Botschaft zu verkünden.

Er begann, indem er schlicht und einfach erzählte, wie vor genau einem Jahr eine Fremde auf der Suche nach Hilfe an seine Tür in Ashton gekommen war – und abgewiesen wurde. Als er schmerzerfüllt berichtete, was dann mit der jungen Brenda Collier geschehen war, stockte seine Stimme, und seine Hände zitterten sichtbar. Nicht geschliffene Rhetorik war es, die die Menschen hier fesselte, sondern ein ehrliches Anliegen und die Kraft Gottes berührten viele ganz neu.

»Wie viele andere Christen«, sagte Michael, »war ich mit der Zeit immer selbstzufriedener geworden und sah nicht mehr die Schmerzen und Nöte der Menschen in meiner Umgebung. Ich hatte vergessen, was die Bibel über Menschen sagt, deren Glaube ein leeres Ritual ist: »Was hilft's, liebe Brüder, wenn jemand sagt, er habe Glauben, und hat doch keine Werke? Kann denn der Glaube ihn selig machen? Wenn ein Bruder oder eine Schwester Mangel hätte an Kleidung oder an der täglichen Nahrung und jemand unter euch spräche zu ihnen: Geht hin in Frieden, wärmt euch und sättigt euch!, ihr gäbet ihnen aber nicht, was der Leib nötig hat – was könnte ihnen das helfen? So ist auch der Glaube, wenn er nicht Werke hat, tot in sich selber.« (Jakobus 2,14-17)

In der ersten Bank ergriff Mr Anderson die Hand seiner Frau. Beide hatten ihren Blick fest auf Michaels Gesicht gerichtet.

»Ich werde für den Rest meines Lebens bereuen«, sagte er leise, »dass ich Brenda Collier, als sie an jenem Tag zu meinem Haus kam, den Frieden gewünscht und sie mit leeren Händen weggeschickt habe. Aber ich kann heute wirklich sagen, dass Ashton wegen ihres tragischen Schicksals eine geistliche Erweckung erlebt hat, die bereits das Leben unzähliger Menschen verändert hat.«

Er erzählte weiter, wie er dahin gekommen war, seiner Gemeinde den provozierenden Vorschlag zu machen, sich ein Jahr lang so zu verhalten, wie sie glaubten, dass Jesus es täte, und berichtete dann von einigen der Folgen für die Baptistengemeinde.

»Ich bin sicher, viele von Ihnen in Chicago haben schon von den hoch interessanten Programmänderungen gehört, die der Fernsehsender WFBB während des vergangenen Jahres eingeführt hat«, sagte er, »aber Ihnen ist vielleicht nicht bewusst, dass diese Änderungen allein auf das Versprechen des Senderchefs zurückzuführen sind, sich zu fragen, was Jesus tun würde, und es dann in die Tat umzusetzen.« Leicht mit dem Kopf nickend deutete er auf Ted Newton, der unter den Zuhörern saß. »Diese Entscheidung hat bereits für unzählige andere Menschen ein lebendiges Zeugnis von Gottes Liebe abgelegt; darunter sind auch achtzehn Kinder, die dank der neuen Staffel von ›Kinder in Not‹ auf Kanal 5 auf Dauer bei Adoptiveltern untergebracht werden konnten.

»Ein weiteres Ergebnis, das vielen von Ihnen wahrscheinlich auffallen wird, ist der Verkaufsstopp für alle pornographischen Magazine, Tabakwaren und hochprozentigen Alkoholika in den Lebensmittelgeschäften der Kette ›Mr B‹. Diese Änderungen haben den Besitzer sehr viel Geld und vor kurzem sogar zwei ganze Filialen gekostet, aber sie haben auch den Bewohnern unserer Stadt ein Beispiel gegeben und bewirkt, dass Menschen ihr Leben ändern.« In den Reihen der Zuhörer schaute Cliff Bright befangen zu Boden.

»Ich könnte noch sehr viele Beispiele nennen: Die Südstadtmission, in der nach nicht einmal acht Monaten sechsundsiebzig Männer und Frauen eine Entscheidung für Jesus getroffen haben, wurde von zwei Frauen ins Leben gerufen, die davon überzeugt sind, dass Jesus ihr Geld und ihr Talent einsetzen will, um ein strahlendes Licht in die Finsternis der Innenstadt von Ashton zu setzen. Der wöchentliche Gebetskreis am Regionalflughafen Vickers, zu dem heute mehr als hundert Menschen gehören, wurde von einem leitenden Angestellten gegründet, der glaubte, Jesus würde mit seinen Mitarbeitern einen fairen und liebevollen Umgang pflegen.

Aber zu jeder dieser ›großen‹ Erfolgsgeschichten gibt es viele, viele ›kleine‹ Geschichten, in denen ein einzelner Mensch, dadurch dass er in einer alltäglichen Situation gehandelt hat, wie Jesus es getan hätte, das Leben eines anderen spürbar beeinflusst hat.«

Er hielt inne, um zu der kleinen Hallie hinüberzuschauen, die auf Rogers Bein fröhlich auf und ab wippte. Als er den Blick kurz schweifen ließ, um sich unter den Zuhörern umzusehen, erkannte er eine Ruhe in ihren Gesichtern, die ihm fast wie eingeübt vorkam.

»Vor ein paar Wochen habe ich einen jungen Mann getauft, der mir erzählte, auf welche eigenartige Weise er Gott gefunden hatte. Es war wohl so, dass er eines Tages mit seinem ziemlich verrosteten Auto unterwegs war, als ihm das Benzin ausging und er am Straßenrand halten musste. Da er keinen Benzinkanister dabei hatte, stieg er aus und schob sein Auto in die Richtung der nächsten Tankstelle, die fast anderthalb Kilometer weit entfernt war.

Er hatte erst ein kurzes Stück zurückgelegt, da hielt ein anderes Auto an, in dem ein gut gekleidetes junges Paar saß. Zu seinem großen Erstaunen rief der Mann sofort ›Warten Sie, ich helfe Ihnen!‹, und er sprang aus dem Auto, um von hinten zu schieben. Gemeinsam schoben sie den Wagen den ganzen Weg zur Tankstelle, während die junge Frau mit eingeschalteter Warnblinkanlage hinter ihnen herfuhr.

Aber das war noch nicht alles. Als sie mit dem Auto schließlich an der Zapfsäule angekommen waren, fragte der gut gekleidete junge Mann, dessen Sachen mittlerweile verschwitzt und schmutzig waren, den anderen: ›Darf ich für Sie tanken?‹, denn er befürchtete, der andere könnte kein Geld dabei haben.

Der junge Mann mit dem alten Auto war so verblüfft über das, was ihm widerfuhr, dass es aus ihm herausplatzte: ›Warum tun Sie das alles für mich?‹«

Michael lächelte und tat so, als könne er das verlegen aussehende Paar in der ersten Bank – Roger und Rachel – nicht sehen. »Sie können sich die Antwort denken. Das junge Paar, das angehalten hatte, um dem Fremden zu helfen, hatte das Versprechen abgelegt, sich im Alltag immer wieder zu fragen ›Was würde Jesus tun?‹ und es dann in die Tat umzusetzen.«

Er schwieg einen Augenblick, und als er fortfuhr, klang er sehr nachdenklich. »Entscheidend ist, dass es selten die großen Predigten und die ausgefallenen Veranstaltungen sind, die Menschen für Jesus interessieren. Sehr viel öfter, als man denkt, ist es die christliche Hausfrau, die dem kranken Nachbarn ein Essen bringt, der jugendliche Christ, der einer allein stehenden alten Dame den Rasen mäht oder der christliche Vater, der sich die Zeit nimmt, sich mit dem Kind einer überarbeiteten allein erziehenden Mutter zu beschäftigen. Es sind diese ganz persönlichen Taten aufopfernder Liebe, die nicht nur das Leben anderer Menschen verändern, sondern auch dem Schenkenden große Freude bereiten.

Bei Matthäus gibt Jesus zwei Gleichnisse, um das christliche Leben anschaulich zu machen: ›Das Himmelreich gleicht einem Schatz, verborgen im Acker, den ein Mensch fand und verbarg; und in seiner Freude ging er hin und verkaufte alles, was er hatte, und kaufte den Acker. Wiederum gleicht das Himmelreich einem Kaufmann, der gute Perlen suchte, und als er eine kostbare Perle fand, ging er hin und verkaufte alles, was er hatte, und kaufte sie.‹ (Matthäus 13,44-46)

Jesus hat nie gepredigt, ihm nachzufolgen würde ein sorgenfreies, komfortables Leben nach sich ziehen, im Gegenteil: Er sprach von Menschen, die bereit waren, alles, was sie besaßen, für ihn aufzugeben! Doch entscheidend ist, dass die Opfer alle einen

Zweck hatten, dass das Leiden kein Selbstzweck war – und am Ende immer große Freude herrschte.«

Vorsichtig klappte er seine Bibel zu. »Während des vergangenen Jahres hat man viele von uns, die wir gelobt hatten, uns zu fragen ›Was würde Jesus tun?‹, beschuldigt, Radikale und religiöse Fanatiker zu sein. Man hat uns vorgeworfen, bei unserem Versuch, Jesus ernsthafter zu folgen, zu weit gegangen zu sein. Heutzutage scheinen die Kirchen, jene Kirchen, die nach Jesus Christus benannt sind, unendlich viele Entschuldigungen zu kennen, ihm nicht nachzufolgen, sobald das mit Unannehmlichkeiten oder gar mit Leiden verbunden wäre.

Wir glauben geradezu ein Recht auf unsere Bequemlichkeit zu haben, und dass es schon etwas ganz Besonderes ist, für einen wohltätigen Zweck zu spenden oder in einem kirchlichen Gremium zu sitzen. Aber ich denke, ein Mitglied unserer Gemeinde hat es ganz deutlich ausgedrückt«, seine Augen bewegten sich kurz in die Richtung, in der Jenny Paige saß, »als sie die Frage stellte: ›Bedeutet es wirklich, Jesus nachzufolgen, wenn man etwas abgibt, das man nie vermissen wird?‹ Wir vergessen oft: Das einzige Opfer, das Gott gefällt und das die Menschen um uns herum beeindruckt, ist, wenn wir *uns selbst* geben.«

Michael atmete tief durch und blickte in die Reihen der Zuhörer. »Ich möchte, dass Sie gemeinsam mit mir einen Augenblick darüber nachdenken«, sagte er, »was wohl geschehen würde, wenn Jesus heute hier vor dieser Gemeinde stünde und einige ihrer Mitglieder zu dem aufforderte, wozu er den reichen Jüngling aufgefordert hat: ihren Reichtum aufzugeben und ihm zu folgen? Wären sie dazu im Stande? Was würde wohl geschehen, wenn er andere dazu aufforderte, ihre Geschäfte vielleicht weniger profitabel, aber dafür in einer Weise zu betreiben, die ihm mehr Ehre machte? Wären sie dazu bereit? *Was ist heute der Prüfstein für überzeugendes Christsein?* Ist es nicht genau derselbe wie zu Lebzeiten Jesu, der gesagt hat: ›Jeder unter euch, der sich nicht lossagt von allem, was er hat, der kann nicht mein Jünger sein‹?«

Die Gemeinde saß regungslos da, und aller Augen waren auf Michaels Gesicht gerichtet, das leidenschaftliche Entschlossenheit ausstrahlte.

Als er fortfuhr, sprach er mit gedämpfter Stimme. »Stellen Sie sich doch wenigstens einmal vor«, sagte er, »was geschehen würde, wenn jeder Christ hier in Chicago morgen früh aufstünde und plötzlich begänne, sich so zu verhalten, wie Jesus es tun würde. Vielleicht übersteigt das unser Vorstellungsvermögen! Was würde Jesus tun angesichts der vielen obdachlosen Familien, der Mütter mit kleinen Kindern, die von ihren Männern verlassen worden sind und in menschenunwürdigen Notunterkünften in der Innenstadt leben? Würde er sich von ihnen abwenden? Behaupten, das ginge ihn nichts an?

Was ist mit den Sozialwohnungen, in denen Männer und Frauen ein Leben ohne Hoffnung führen und glauben, Drogen und Alkohol wären der einzige Ausweg? Würde Jesus dem tatenlos zusehen und eine Flutwelle des Bösen diese Menschen wegreißen lassen?

Was würde Jesus mitten in einer Gesellschaft tun, die so krampfhaft hinter dem Geld her ist, dass niemandem mehr Zeit und Energie für den Partner und die Kinder bleibt? Was würde er zu dem bequemen, egoistischen Lebensstil sagen, den viele aus seinem Volk pflegen, während ihnen die Hilferufe mittelloser Missionare gleichgültig sind? Würde er nichts tun, nichts sagen, nichts empfinden?

Ich glaube, es ist Zeit für ein neues Bemühen um das Christsein, eine Nachfolge Jesu nach Art der Urgemeinde, ohne Rücksicht auf mögliche Kosten und Opfer. Wenn wir unser Leben als Christen so verstehen, dass wir einfach nur ein gutes, bequemes Leben genießen, umgeben von Freunden und Luxusgegenständen, und es angestrengt vermeiden, mit den Schmerzen und Sorgen unserer Umwelt konfrontiert zu werden – wenn das unsere Vorstellung von Christsein ist –, dann sind wir, fürchte ich, meilenweit entfernt davon, in den Fußstapfen desjenigen zu folgen, den man einen ›Schmerzensmann‹ nannte, der gewissermaßen Blut geschwitzt hat und der, als er unter Qualen an einem groben Kreuz hing, ausrief: ›Mein Gott, mein Gott, warum hast du mich verlassen?‹!«

Als Michael Maxwell seine Predigt beendet hatte und seinen Kopf neigte, herrschte lange Schweigen in der Gemeinde. Obwohl viele von Michael erwartet hatten, er würde nach Freiwilligen suchen, die zu dem Versprechen bereit wären, zu tun, was Jesus tun würde, sagte er kein Wort. Er blieb einfach nur auf der Kanzel stehen, die Augen geschlossen und den Kopf in stillem Gebet gesenkt.

Dann geschah etwas Unglaubliches, das Michael Maxwell und Carl Bruce der vornehmen Gemeinde an der Nazareth Avenue niemals zugetraut hätten. Nach und nach standen immer mehr Männer und Frauen leise auf, schlängelten sich durch die Bänke bis zum Mittelgang und gingen dann nach vorne. Als Michael schließlich aufblickte, war er von einer großen Anzahl Menschen umgeben, die zu dem aufrichtigen Versprechen bereit waren, sich ernsthaft zu fragen, was Jesus tun würde. Es war eine spontane Tat, die vom Heiligen Geist und nicht durch eine raffinierte oder auffordernde Predigt inspiriert war. In diesem freudigen Augenblick sah Michael alle seine Gebete der vergangenen Nacht umfassender erhört, als er es sich in seinen kühnsten Träumen hätte ausmalen können.

Dann sah er, wie die Andersons ihn aufgeregt zu sich herüberwinkten. Sie standen vorne und hatten ihre Arme um einen schluchzenden, dünnen jungen Mann gelegt. Michael ging zu ihnen herüber.

»Pastor Maxwell«, sagte Frau Anderson unter Tränen. »Wissen Sie, wer das ist? Es ist Jim, Hallies Vater!«

Michael blickte ungläubig und betrachtete das hagere, von Krankheit gezeichnete Gesicht des jungen Mannes. *Wie kam er –?*

Sichtbar mit Mühe wandte sich Jim Collier zu Michael um. »Ich glaube, wir haben vor langer Zeit einmal miteinander telefoniert«, sagte er leise, »aber ich war so high, dass ich mich kaum noch daran erinnern kann. Damals habe ich ganze Wochen völlig benebelt erlebt.« Er holte tief Luft. »Dann habe ich gestern zufällig Tim Mott getroffen, einen Typen, bei dem ich in Ashton immer Stoff gekauft habe. Er hat angefangen, mir zu erzählen, dass er jetzt diese Sache mit Jesus laufen hat und in der Südstadtmission Sozialarbeiter ist. Er hat mir ein Mittagessen spendiert.«

Jim schaute beschämt zu Boden. »Ich hatte lange nichts mehr gegessen. Ich bin letzten Monat mit ein paar Pillen erwischt worden und habe meinen Job verloren. Jedenfalls hat Tim mir erzählt, meine – die Andersons wären heute mit Hallie hier. Ich dachte nur – ich weiß nicht. Es ist lange her und da habe ich mich entschieden –« Er hielt inne, denn er wusste nicht, was er sagen sollte.

Mr Anderson sagte leise: »Er ist gekommen, um Hallie zu sehen, Pastor Maxwell, aber während des Gottesdienstes hat Gott zu ihm gesprochen. Er sagt, er wolle sein Leben Jesus übergeben.«

Michael betrachtete das Gesicht des Älteren und sah den tiefen Schmerz, der sich in seinen dunklen braunen Augen zeigte. Das war der junge Mann, der ihre geliebte Tochter eiskalt im Stich gelassen hatte, ohne Rücksicht auf seine Verantwortung und nur den Drang nach Drogen im Kopf. Nur die Macht des Heiligen Geistes konnte bewirken, dass sie einen solchen Mann tolerieren, oder ihm sogar vergeben konnten.

In diesem Moment trat Jenny Paige leise zu ihnen. »Pastor Maxwell, Dr. Bruce hat uns gebeten, nach dem Gottesdienst noch hier zu bleiben und die Leute, die heute nach vorn gekommen sind, zu beraten. Er schickt alle in den Sitzungssaal.« Sie lächelte die Andersons aufmunternd an. Während der zwei Wochen, in denen sie zu Gast in ihrer Villa waren, hatten sie viele Stunden über Jesus gesprochen. Jetzt gingen sie gemeinsam hinüber in den Sitzungssaal, wo schon über siebzig Leute warteten.

Dies war ein besonderer Tag in der Geschichte der Gemeinde an der Nazareth Avenue. Michael Maxwell und die kleine Gruppe aus seiner Gemeinde blieben bis zum frühen Nachmittag, um mit denjenigen, die nach vorn gekommen waren, zu sprechen und zu beten. In vielerlei Hinsicht ähnelte dieses Treffen nach dem Gottesdienst so manchem anderen, das sie in Ashton schon erlebt hatten. Viele Gemeindemitglieder gelobten feierlich, sich zu fragen, was Jesus tun würde, und gingen voller Erwartung nach Hause.

Anschließend aß die Gruppe aus Ashton mit Dr. Carl Bruce und seiner Frau zu Mittag. Cliff Bright, Ted und Kim Newton, Roger und Jenny Paige, Rachel Wingate und Alex und Cheryl Powell waren alle zusammen mit Michael und Sharon Maxwell gekommen. Sie verbrachten die Essenszeit in freudiger Erinnerung an das, was am Morgen geschehen war. Jenny erzählte, die Andersons hätten sich entschieden, in Chicago zu übernachten und mit ihrem Schwiegersohn noch länger zu sprechen. Jim Collier hatte an diesem Tag Jesus als seinen Herrn und Retter angenommen. Er wollte unbedingt mehr über seinen neuen Herrn erfahren und bat Carl Bruce, ihn noch in der kommenden Nacht zu taufen.

Es war später Abend, als Michael und Sharon schließlich wieder zu Hause in Ashton waren. Doch als Sharon schon längst ins Bett gegangen war, saß Michael noch in seinem Arbeitszimmer und dachte noch einmal über all die Erfahrungen des vergangenen Jahres nach. Er machte sich bewusst, wie viele Veränderungen es in seinem Leben gegeben hatte, seit er versuchte, Jesus ernsthafter nachzufolgen. Und irgendwie wusste er, dass es in Zukunft auch schwierige Zeiten geben würde, für ihn selbst und für die anderen, mit denen er durch die letzten Monate so eng verbunden war.

»Herr«, betete er, »öffne unsere Augen für die Nöte der Menschen, die uns umgeben. Lass deine Gemeinde anfangen, dir treuer zu folgen! Ordne unser Leben neu, damit dein Geist durch uns in der Welt wirken kann.«

*Mike Yaconelli*

**What would Jesus do? –
Fragen, was Jesus will**

**30-Tage-Experiment für Teens**

128 Seiten, Paperback,
Bestell-Nr. 627 551

W.W.J.D. – »Was würde Jesus tun?« Das heißt: 30 Tage lang fragen, was Jesus will, bei kleinen und großen Entscheidungen, beim Umgang mit Freunden, in brenzlichen Situationen. So können Jugendliche ganz persönlich entdecken, was Christsein bedeutet – hautnah, ehrlich konsequent.

---

*Todd Temple*

**Eine krasse Hausaufgabe**

128 Seiten, Oncken Taschenbuch,
Bestell-Nr. 627 553

Tina und Mike sind zwei ganz normale Jugendliche – und sie haben absolut keine Gemeinsamkeiten. Aber beide haben die gleiche Hausaufgabe: Zwei Wochen lang sollen sie sich ständig die Frage stellen, was Jesus in ihrer Situation tun würde. Eine leichte Übung wie es zunächst scheint. Bald merken sie jedoch, dass das Experiment nicht ohne Folgen bleibt.